~~Haciendo~~

Haz-siendo

GESTALT

~~Haciendo~~
Haz-siendo
GESTALT

Esquemas para el trabajo
psicoterapéutico

Pilar Ocampo

EDITORIAL
PAX MÉXICO

EL LIBRO MUERE CUANDO LO FOTOCOPIAN

Título de la obra: *Haz-siendo GESTALT. Esquemas para el trabajo psicoterapéutico.*

Coordinación editorial: Gilda Moreno Manzur
Formación: Paola Sandoval Licea
Portada: Víctor Gally

© 2017 Editorial Pax México, Librería Carlos Cesarman, S.A.
    Av. Cuauhtémoc 1430
    Col. Santa Cruz Atoyac
    México DF 03310
    Tel. 5605 7677
    Fax 5605 7600
    www.editorialpax.com

Primera edición
ISBN 978-607-9472-26-9
Reservados todos los derechos

Impreso en México / Printed in Mexico

ÍNDICE

DEDICATORIA

A mi maestra Martha Preciado,
de quien aprendí la magia del trabajo con sueños

A Luis Preciado, de quien aprendí mis bases gestálticas

A cada uno de aquellos que con su ser y su hacer
me han ayudado a ser la psicoterapeuta que soy

A mis alumnos

A mi familia

A mis dos hijos

AGRADECIMIENTOS

A Gerardo Gally,
por su amistad, su confianza y su entusiasmo
por compartir mis proyectos

A Paolo Quatrinni,
por su complicidad terapéutica de tantos años

A Kenia Gutiérrez,
por su cuidado en la transcripción detallada
de los trabajos de sueños

A Simone,
por respetar mis alas

A Franco,
por compartir a su madre con el mundo

A Kayla,
quien con su breve presencia en mi vida
tocó mi corazón por siempre

PILAR OCAMPO, PH.D.

Psicóloga clínica; posgrado en Psicoterapia Gestalt, Terapia de Parejas y Trabajo con Sueños; Hipnoterapeuta clínica certificada; Doctorado en Psicoterapia Summa Cum Laude en Estados Unidos; Doctora Honoris Causa por el Consejo Iberoamericano en Honor a la Excelencia Educativa; Directora Regional en Estados Unidos de la Organización de las Américas para la Excelencia Educativa.

Egresada de "La ciencia y la aplicación de la Psicología Positiva" en Harvard Extension School y del programa de Actualización en Gestalt Avanzada con Robert y Rita Resnick en California, en donde reside.

Entrenamiento Avanzado en Terapia de Parejas en GATLA.

Embajadora de Paz por la Organización de las Américas para la Excelencia Educativa y receptora de la Medalla de la Cruz Roja.

Docente y Ponente internacional, autora y formadora de psicoterapeutas en México, Estados Unidos y Europa. Esposa y madre.

Fundadora y Directora General del Centro Gestalt Oaxaca. Atiende vía online a pacientes de diferentes países, a través de su página:
www.pilarocampoonline.com

PRÓLOGO

El enfoque de Pilar Ocampo a la terapia de la Gestalt comienza con una consideración no siempre observada por los psicoterapeutas: antes de tratar con el mundo interior de las demás personas, deben cuidar de lo suyo. El mundo interior no es una abstracción que se aborde de manera conceptual, es una complejidad que sólo puede conocerse por experiencia, como se aprende del estado de un bosque: no es posible saber los detalles individuales, que son innumerables, pero sí se conoce el tipo de lugar con los detalles que son siempre diferentes en su igualdad fundamental, como en la lógica de fractales. Esta declaración de principio es bien conocida en todas las psicoterapias freudianas, pero no es practicada por todos los psicoterapeutas: es fácil caer en la trampa de la reificación de la experiencia en estructuras conceptuales, donde "entender" es suficiente: por eso el aviso se convierte en una declaración política cuyo enfoque difiere radicalmente.

Otra consideración clave de la autora es que son los puentes de relación con las demás personas los que dan sentido a la vida: cada uno es único, y como tal ofrece algo insustituible, y resulta esencial en la economía del conjunto humano. Aquí se ve la mayor importancia de la especificidad en la cara de las similitudes estructurales que, una vez comprendidas, dejan a la persona sola frente a la aventura de la vida: la diferencia inimportante que ofrece apoyo al sentido y el mutuo reconocimiento de las idiosincrasias conducen a un conocimiento existencial, donde la relación es el único camino a seguir para la calidad de vida.

Para Pilar, el encuentro con el otro es, como afirma Buber, la escala por la trascendencia, la cual es fisiológica en la experiencia humana. Trascender es inevitable en un enfoque holístico, donde el todo es más que la suma de las partes: en este sentido puede afirmarse, con las palabras de Fernando Pessoa, que también Dios se trasciende a sí mismo. Instrumento fundamental de este enfoque es el sentido de la responsabilidad que –como dice Pilar– surge de la conciencia de ser parte de ese todo que es la humanidad; de la conciencia de que hay algo que trasciende su propio egoísmo y la banalidad de una vida vista desde esa perspectiva.

Más adelante el libro ofrece una serie de consideraciones técnicas, que son más bien de orden existencial, y que constituyen directrices básicas para los alumnos: por ejemplo, con más datos y más herramientas es más fácil entender el fenómeno que es el otro, no es posible desarrollar estrategias sin conocer al paciente. Entonces es importante preguntar, pero en términos sencillos porque sabemos ya que la relación psicoterapéutica se hace de las palabras, del tono de voz y del contacto físico, y se acompaña desde un encuentro acogedor y cálido.

Pilar Ocampo propone un esquema básico para la sesión, en el cual subraya los diversos puntos que un psicoterapeuta experimentado sigue de manera implícita, pero que los principiantes tendrán que observar con cuidado.

La parte didáctica y la experiencial son actividades que se apoyan entre sí, como las estructuras de soporte de un edificio, y permiten al terapeuta hacer un lugar para una sala de estar, una casa donde el paciente pueda vivir de forma dinámica, un lugar que nos trae una realidad viva y no una estructura abstracta que sólo puede «entenderse»: el neopsicoterapeuta tiene la capacidad de moverse fácilmente con este patrón, sin perderse en el laberinto de infinitas posibilidades que ofrece la interacción con los demás.

Pilar propone también un esquema claro e interesante sobre el trabajo de sueños, que facilita el aprendizaje y el desarrollo de habilidades dentro de esta área tan importante para la terapia Gestalt. A partir de su propia experiencia, aporta una clasificación de los símbolos que puede resultar toda una aventura para el gestaltista que quiera hundirse en la profundidad del mundo de los sueños.

Trabajo desde muchos años como gestaltista, y pienso que este libro será una ayuda muy efectiva para quien quiera moverse con este enfoque.

Estoy muy agradecido con Pilar, quien al escribir este libro abrió una vía mas accesible para el difícil trabajo de la terapia de la Gestalt.

Paolo Quatrinni
Fundador y Director Científico
del Instituto Gestalt de Florencia, Italia

INTRODUCCIÓN

Durante mis más de 25 años de romance con la Gestalt, mis necesidades como buscadora han ido cambiando. Sin embargo, una ha permanecido a lo largo de todos estos años: la necesidad de esquemas simples, sencillos y claros que me permitan poner orden en mi mente inquieta para después encontrar una manera práctica de transmitir los conocimientos adquiridos a mis estudiantes ubicados en el mundo.

El no encontrar lo que me hacía falta me llevó a construir mis propias estructuras, las cuales con el tiempo he comprobado, pulido y simplificado en función de mi experiencia como formadora en el último cuarto de siglo.

Este trabajo nace como respuesta a las peticiones a lo largo de los años de alumnos y otros formadores de contar con un material de consulta y un apoyo para aumentar la solidez de sus entrenamientos. Este material les dará también una estructura que, si bien es dinámica, fluida y modificable durante el proceso, también aporta una base firme sobre la cual podemos permitirnos vivir la aventura permanente de la cocreación con el otro, en este maravilloso mundo de la Gestalt.

Al igual que en cada uno de los foros en los que tengo la oportunidad de compartir con otros psicoterapeutas, aclaro que mi trabajo, al igual que el de todos los autores, no es más que una propuesta personal y no pretende ser la verdad absoluta. A mí me ha servido y he comprobado su utilidad a lo largo de estos años y desde ahí es que me permito compartirlo contigo.

Parafraseando a Perls:

Si por casualidad lo encuentras útil, qué hermoso; si no, nada puede hacerse...

Pilar Ocampo

CAPÍTULO I

EL SER Y EL HACER
DEL PSICOTERAPEUTA

———————————— ◇ ————————————

Somos el resumen de nuestra historia y esta se manifiesta en
lo que hacemos; estamos completos en cada una de nuestras
expresiones, nuestras acciones y nuestras propuestas.

———————————— ◇ ————————————

La pregunta que surge ante alguien que se dice psicoterapeuta gestalt es: *¿cuándo fue la última vez que estuvo como
paciente en un proceso psicoterapéutico? ¿Cuán autoactualizado se encuentra como Ser?* En pocas palabras, ¿en qué
medida busca esa congruencia de la que tanto hablamos
en esta corriente?

———————————— ◇ ————————————

La autoterapia tiene un límite; ni el mejor cirujano puede
operarse a sí mismo, aunque enseñe la técnica maravillosamente. Reconocer esto es el acto de humildad más
grande para un psicoterapeuta.

—————————— ·◇· ——————————

El proceso de psicoterapia para el propio psicoterapeuta es un requisito en muchos países y debería serlo en el mundo entero, considerando su importancia y trascendencia en nuestro hacer profesional. Antes que psicoterapeutas somos seres humanos; resumen de carne, huesos, emociones e historia de vida que es imposible dejar de lado en las sesiones.

—————————— ·◇· ——————————

No hay que olvidar quién está dentro de la piel que habitamos.

—————————— ·◇· ——————————

El ser humano conforma un personaje que se manifestará en su hacer psicoterapéutico. Si ese personaje está regido por la conciencia, el hacer será responsable; si está controlado por el ego, el resultado serán manipulaciones y autoengaños, cuyo impacto en la psicoterapia será lamentable.

—————————— ·◇· ——————————

Un psicoterapeuta *casado* con su enfoque y que devalúe los demás, perderá la oportunidad de ampliar su repertorio técnico-clínico porque, en realidad, no existe un enfoque que se ajuste perfectamente a todas las personas, sino personas que requieren las herramientas de diferentes enfoques.

—————————— ·◇· ——————————

La meta del proceso psicoterapéutico no debe ser hacer sentir bien al paciente, sino ayudarlo a crecer, dos cosas que no siempre ocurren al mismo tiempo. El balance entre acompañamiento y frustración es indispensable para promover una relación amorosa de cercanía nutricia y de retirada necesaria para promover la individualidad y evitar la confluencia.

EL SER Y EL HACER DEL PSICOTERAPEUTA

Somos el resumen de nuestra historia y esta se manifiesta en lo que hacemos; estamos completos en cada una de nuestras expresiones, nuestras acciones y nuestras propuestas.

A los gestaltistas, lo anterior nos conduce a una profunda área de reflexión acerca de cómo estamos como personas y en qué medida esto afecta nuestro hacer como psicoterapeutas.

La autoexploración constante proporciona cuatro bases que considero fundamentales en todo aquel que intente acompañar a otro ser humano:

a. **Humildad:** la virtud de reconocernos como un todo en proceso constante de autoactualización. Ello requiere mostranos ante otro con toda nuestra humanidad y seguir descubriéndonos y maravillándonos de nosotros mismos. Nos permite estar abiertos a confrontaciones y disfrutar al compartir logros para vivir con el otro la aventura de ser.

b. **Congruencia:** la sintonía entre lo que se piensa, se dice y se hace. Si promovemos la psicoterapia, una consecuencia natural sería el estar en ella, desde ambos lados, como paciente y como psicoterapeuta. La congruencia no se predica, se modela. Es imposible actuarla, se vive desde el centro y eso se transmite de manera natural en encuentros transparentes y honestos.

c. **Gratitud:** el reconocimiento de que no hacemos nada solos, ni siquiera a nosotros mismos. Somos el resumen de nuestra familia, nuestros amigos, nuestras historias, nuestros maestros, nuestros terapeutas y nuestros pacientes. A fin de cuentas, somos el resumen de cada uno de los encuentros significativos en nuestra existencia. Agradecer no tiene sólo que ver con mostrar gratitud sino que es, al mismo tiempo, un ejercicio de humildad y un acto de amor al reconocer la presencia y el impacto del otro en mi vida.

d. **Esperanza:** la certeza de que todo tendrá un buen fin. Confiar en que somos seres que tendemos al sano desarrollo y que siempre existe la posibilidad de crecer desde cualquier punto de vista. Es la base de la postura humanista y es una virtud que se desarrolla a partir de la experiencia, para que no sea un dogma de fe. Un psicoterapeuta que ha pasado por sus zonas más oscuras y por sus momentos más dolorosos comprueba y sabe que nada es permanente, que del dolor se renace más fuerte y que cada experiencia de vida es una posibilidad de aprendizaje. Esto quizá se diga muchas veces, pero sólo puede transmitirse desde la propia experiencia y esto es justo lo esencial para el paciente. **Un psicoterapeuta que transmita esperanza, no expectativas infundadas, es profundamente sanador.**

La pregunta que surge ante alguien que se dice psicoterapeuta gestalt es: *¿cuándo fue la última vez que estuvo como paciente en un proceso psicoterapéutico? ¿Cuán autoactualizado se encuentra como Ser?* En pocas palabras, ¿en qué medida busca esa congruencia de la que tanto hablamos en esta corriente?

Hablar de la Gestalt, hacer negocio con ella y vivirla en realidad, son cosas muy distintas. La Gestalt es una filosofía de vida, desde donde surgen estrategias psicoterapéuticas de abordaje que nos permiten promover y acompañar a los demás por medio de nosotros mismos.

Si, como bien escuchamos en infinidad de ocasiones, somos nuestro propio instrumento, es indispensable tenerlo bien afinado y cuidar de mantener en lugar seguro al ego que inevitablemente aparecerá a lo largo de nuestra vida. Eso no podemos hacerlo solos. La autoterapia tiene un límite; ni el mejor cirujano puede operarse a sí mismo, aunque enseñe la técnica maravillosamente. Reconocer esto es el acto de humildad más grande para un psicoterapeuta.

Jamás seremos un proceso terminado. Somos un *siendo* y en ese ser, *hacemos* cotidianamente, de maneras muy diversas –acertadas, erradas, erráticas e intuitivas–, siempre manifestándonos en cada uno de nuestros actos.

Nuestras experiencias de vida constituyen una posibilidad de mejorar nuestro ser y nuestro hacer, si tomamos el tiempo de trabajarlas y procesarlas de forma adecuada, si somos conscientes de que nos seguimos construyendo y permitimos que los otros vean una parte de nosotros que va más allá de la imagen o del personaje que hemos creado (Ocampo, 2013).

El proceso de psicoterapia para el propio psicoterapeuta es un requisito en muchos países y debería serlo en el mundo entero, considerando la importancia y la trascendencia que llega a tener en nuestro hacer profesional. Antes que psicoterapeutas somos seres humanos; resumen de carne, huesos, emociones e historia de vida que es imposible dejar de lado en las sesiones. Resonamos con el otro con base en nuestra propia entonación y es imposible escaparnos de nosotros mismos, por más teorías que manejemos.

Tener una red de soporte con suficiente balance entre apoyo y frustración nos ayuda a mantenernos en la ruta del autoapoyo y del darnos cuenta, lo que sin duda beneficiará enormemente nuestro hacer psicoterapéutico.

Con cierta curiosidad he descubierto que con el tiempo muchos psicoterapeutas se convierten en docentes, conferencistas y entrenadores, y en su camino poco a poco olvidan su autoactualización como personas. Es una realidad que atravesamos por etapas de profunda estabilidad y bienestar, y aun esos estados son susceptibles de trabajarse. La Gestalt no es sólo para ir a llorar asuntos inconclusos, sino para compartirnos con el otro desde el seguirnos descubriendo. *Lo importante es no olvidarnos de quién está dentro de la piel que habitamos.*

En alguna ocasión escuché a Bob Resnick hablar de las preguntas de "trailero", que son simples, sencillas, sin mayor complicación, que en ocasiones los psicoterapeutas dejamos de lado por intentar hacer preguntas más complicadas y "profundas", cuando en ciertos momentos son aquellas directas e ingenuas las que pueden promover un Darse Cuenta fenomenológico. Desde esta perspectiva no necesitamos buscar un psicoterapeuta con características especiales, sino simplemente estar abiertos a la autoexploración y a la experimentación y ver qué ocurre. Siempre hay alguien si lo buscamos.

Recuerdo una etapa de mi vida en la que estaba atravesando una crisis importante. Me aislé de todo, me fui dos semanas de retiro a un lugar en donde no conocía a nadie, busqué un colega en la sección amarilla, elegí el nombre que más me llamó la atención e hice mi cita con él. Ni siquiera recuerdo su nombre, lo que sí recuerdo es que fue profundamente sanador sentirme acompañada y "vista" a través de los ojos de un colega que no me conocía. ¿Quieres saber si era gestaltista?, la respuesta es no; más allá de sus técnicas, supo ser el ser humano que necesitaba en ese momento y eso jamás lo olvidaré.

En ocasiones me he sentado como paciente en grupos a los que estoy entrenando, lo que suele generar mucha ansiedad en mis psico*terapeutas*. Sin embargo, hay una estrategia detrás de esto –además de la oportunidad de la autoexploración compartida–: romper con la idea de la *perfección* del guía gestáltico y permitir al psicoterapeuta novato o en supervisión incrementar su confianza al darse cuenta de que el guía está confiando en su hacer.

Si el psicoterapeuta guía ha trabajado con su ego lo suficiente como para extender su frontera de exposición, esta será una actividad sumamente enriquecedora para el grupo en general; si no es así, tal vez sea un buen momento para reflexionar sobre la importancia del trabajo personal relacionado con la congruencia que promueve el enfoque gestáltico.

A lo largo de su vida, el ser humano conforma un personaje que se manifestará en su hacer psicoterapéutico. Si ese personaje está regido por la conciencia, el hacer será responsable; si está controlado por el ego, el resultado serán manipulaciones y autoengaños, cuyo impacto en la psicoterapia será lamentable.

En mi libro *Reencuentro con la esencia* (Editorial Pax México, 2013) partí del esquema proporcionado por Serge Ginger (2005) en el que habla de nuestras cinco áreas: física, afectiva, mental, social y espiritual, para hacer una propuesta acerca de la conciencia y la responsabilidad en relación con el trabajo en estas áreas.

Si en Gestalt hablamos de que la meta es la ampliación de la conciencia para promover la toma de responsabilidad en el aquí y el ahora, es imprescindible comprender cómo podemos realizarlo.

La verdadera responsabilidad proviene del nivel de conciencia, es una consecuencia natural de ella. Si no hay conciencia de las consecuencias de una acción, no podemos esperar que la persona asuma completa responsabilidad por ella.

La figura 1.1 hace referencia a tres niveles de conciencia que promueven la toma de responsabilidad en dos diferentes aspectos.

Figura 1.1 Tres niveles de conciencia

Mental

RESPONSABILIDAD DE
RELACIÓN

RESPONSABILIDAD DE
ACCIÓN

Manipulación
Control

Impulsividad
Reacción

Afectiva

Social

Promiscuidad

Aislamiento

CONCIENCIA DE
CONTACTO

CONCIENCIA DE
TRASCENDENCIA

Percepción fragmentada
/ separación

Física

Espiritual

CONCIENCIA DE
UNIDAD

Conciencia de unidad

Es la base del estar en el mundo de cualquier ser humano, porque es aquella sobre la cual estamos parados. Si soy consciente de que tengo una existencia individual como organismo vivo, de que tengo un cuerpo que es mi vehículo de manifestación en el mundo y al mismo tiempo formo parte de un Todo que se manifiesta en mi unicidad, mis dos pies se encuentran en el suelo; "Estoy parado sobre mis propios pies", como decimos en Gestalt. Así, el caminar, aunque difícil como parte de la vida misma, no se vivirá en soledad. Únicamente desde ahí puede establecerse un vínculo que soporte la existencia, que no sólo la haga llevadera, sino que le dé un sentido.

Si no hay una conciencia de unidad o se tiene una conciencia relativa, nuestra percepción será fragmentada, lo que originará un sentimiento de separación, soledad y vacío. Si no restablecemos el vínculo con nuestra espiritualidad, podrán modificarse los patrones de comportamiento, pero no se conseguirá la resolución total de la pauta existencial.

La única forma de mantener un equilibrio en nuestro interior es regresar a la espiritualidad, entendida como el reconocimiento de la existencia de algo más allá de nosotros y más grande que nuestro ego, independientemente de la concepción religiosa que puede o no estar presente; y al contacto conciente con nuestro cuerpo. Podremos enfrentar dificultades de relación o de cualquier otro tipo, pero siempre tendremos la certeza de que seremos capaces de lidiar con ellas y la sensación de no estar solos ni perdidos en el universo pues nuestra base se encuentra firme. Eso no nos evita el dolor, y sí nos da la fortaleza necesaria para enfrentar lo inevitable convirtiéndose en el fundamento para la esperanza que permite que surja el cambio.

Como psicoterapeutas tendemos a cuidar a los demás, la gran mayoría somos cuidadores por naturaleza y hemos elegido hacer de esa tendencia una profesión; por ello, siempre es útil revisar cómo estamos en estas áreas. ¿Cuidamos y atendemos nuestro cuerpo? ¿Somos congruentes con lo que proponemos a los demás? ¿Practicamos algún tipo de espiritualidad? ¿Estamos en contacto con esta área en nuestra vida?

Conciencia de contacto

Desarrollamos este nivel o tipo de conciencia al reconocer que el cuerpo es el vehículo físico de manifestación de nuestra esencia y de nuestra individualidad, es la única manera que tenemos de expresarnos con quienes elegimos y cada contacto tiene una repercusión en nuestra existencia.

Es a través del cuerpo que salimos al encuentro del otro; podemos abrazar, tocar, sentir a quien se encuentra más allá de nuestra piel, y al hacerlo nos damos cuenta de que el cuerpo es un vehículo de contacto.

La consecuencia inherente a la conciencia de contacto es la selectividad, la cual nos permitirá elegir con quién, cómo, hasta dónde, durante cuánto tiempo y para qué compartir esta intimidad.

Al desarrollar la conciencia de contacto, el mundo de nuestras relaciones se aclara y se limpia porque empezamos a marcar límites. Si una persona ha desarrollado un mayor nivel de intimidad, la cantidad de relaciones que establezca será menor. Por el contrario, quien sostiene muchas, nos dejará ver que el nivel de intimidad que establece en ellas no es profundo, ya que es imposible tener muchas relaciones de profundidad al mismo tiempo.

La selectividad es imprescindible para la salud mental, la emocional y la de todas las áreas. Nos permite decir sí y decir no en el momento que lo necesitamos y es un recurso indispensable si buscamos salvaguardar nuestra energía. Muchas veces nos quedamos sin energía porque no sabemos marcar límites ni sostener los límites necesarios.

Como psicoterapeutas enfrentamos un gran reto cotidiano porque nuestra energía vital es el combustible para nuestro hacer y necesitamos ser concientes de qué tanto y cómo la cuidamos. El trabajo gestáltico profundo requiere una gran inversión de energía en el encuentro personal. Así como es importante revisar nuestras fuentes básicas de nutrimiento, también lo es revisar nuestras fugas principales. Y estas se encuentran en nuestras relaciones y en nuestro nivel de selectividad. A mayor selectividad asertiva, mayor ahorro de energía vital.

Conciencia de trascendencia

Este nivel de conciencia se genera cuando me doy cuenta de que, por medio del contacto espiritual con el Todo, formo parte de un plan maestro y que todo lo que hago al estar inserto en una sociedad causa un impacto que nadie más puede producir excepto yo mismo. Esto ocurre cuando asumo que no soy un ente aislado sino que formo parte de una totalidad y, como tal, estoy en una sociedad dentro de la cual tengo una misión que únicamente yo puedo llevar a cabo debido a mis características individuales como el ser único, irrepetible e insustituible que soy.

Al percatarme y adquirir conciencia de que estoy aquí y ahora llevo a cabo una misión que nadie más que yo puede realizar, cambia nuestro estar en el mundo, porque sabemos que también somos protagonistas de la historia.

La trascendencia es una necesidad inherente en el ser humano. De ella proviene tanto hacer. Queremos que se nos recuerde, dejar huella, dejar algo, que nuestro paso por esta tierra no haya sido en vano. Es una necesidad presente en todos, aunque algunos no la reconozcan como tal. Si al fin y al cabo tenemos esta necesidad, ¿por qué no atenderla con más conciencia? La verdadera trascendencia se logra cuando la individualidad del ser humano se expresa en su totalidad, porque jamás habrá nadie igual.

Al ser simplemente nosotros mismos tenemos asegurada la trascendencia. No hay ni habrá nadie como tú.

Una vez desarrollados estos niveles de conciencia, podremos empezar a asumir la responsabilidad de la propia vida. El nivel de responsabilidad siempre será proporcional al nivel de conciencia. Por lo tanto, cuanto más conciencia de unidad, de contacto y de trascendencia exista, mayor responsabilidad se desarrollará.

Entremos ahora al terreno de la responsabilidad.

Responsabilidad de relación

Esta responsabilidad se desarrolla una vez que tomo conciencia de contacto y me doy cuenta de que este contacto se matiza con ideas mediante las cuales puedo establecer un estilo y una forma de relación. Es entonces cuando estoy en posibilidad de hacerme responsable del tipo y la calidad de las relaciones que elijo; del tipo de relaciones que promuevo y de cómo las he matizando poco a poco con mi historia de vida.

Puedo elegir modificar aquellas pautas y patrones que me han lastimado en mi caminar y el sendero más seguro es la psicoterapia, aunque insisto que no es el único.

Es desde este tipo de responsabilidad que como psicoterapeutas buscamos supervisión e intentamos actualizarnos constantemente para poder relacionarnos con aquellos que ponen su mundo interno en nuestras manos, de manera más total, honesta y útil.

Responsabilidad de acción

Esta responsabilidad surge una vez que tomo conciencia de que estoy inserto en una sociedad y que esa inserción se matiza por mis ideas, conceptos, proyectos y sueños. Estoy entonces en posibilidad de asumir la responsabilidad de mi hacer en el mundo y de las consecuencias que este hacer trae para mí y para mi entorno, entendiendo por "hacer" todo lo que se genera a partir de mi estar en el mundo. En tanto no desarrolle la conciencia de trascendencia y no asuma la responsabilidad de mis acciones, mis conductas serán impulsivas y reactivas, no tendrán otro parámetro sino las expectativas insatisfechas de mi ego, y mi hacer en el mundo se basará en ellas.

Por desgracia, un buen número de psicoterapeutas operan desde esa postura y las consecuencias son desastrosas; muchos hemos sido testigo de ello.

En la figura 1.2 apreciamos cinco aspectos basados en el nivel de conciencia, que son el contacto con el aquí y ahora, el desarrollo de la selectividad y el sentido de vida, así como la responsabilidad de las consecuencias emocionales y sociales como consecuencia y en proporción al nivel de conciencia.

Como psicoterapeutas gestálticos considero vital que reflexionemos sobre cómo se encuentran estos cinco aspectos de nuestra vida, porque antes de hacer psicoterapia, somos individuos que continuamente estamos siendo mientras hacemos.

Figura 1.2 Aspectos conciencia-responsabilidad

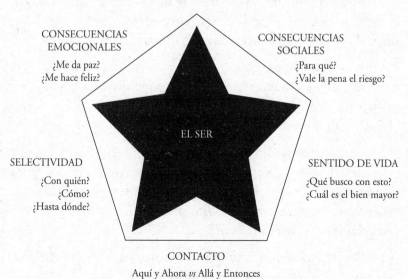

CONSECUENCIAS EMOCIONALES
¿Me da paz?
¿Me hace feliz?

CONSECUENCIAS SOCIALES
¿Para qué?
¿Vale la pena el riesgo?

EL SER

SELECTIVIDAD
¿Con quién?
¿Cómo?
¿Hasta dónde?

SENTIDO DE VIDA
¿Qué busco con esto?
¿Cuál es el bien mayor?

CONTACTO
Aquí y Ahora *vs* Allá y Entonces

Como ya mencioné, la base del hacer psicoterapéutico es la siguiente:

• Teoría. Implica una actualización constante, así como la apertura a aprender cosas nuevas, a escuchar las propuestas de otros colegas, a seguir permitiéndome ser un eterno aprendiz que explore diferentes rutas y caminos para enriquecer mis herramientas de intervención psicoterapéutica.

Considero que en cada propuesta hay algo valioso y útil que podemos incluir en nuestra práctica. Para mí, todas las escuelas, enfoques y métodos terapéuticos tienen algo de valor.

Con frecuencia repito que no estoy *casada* con la Gestalt, sino que vivo *enamorada* de ella, lo que me permite apreciar y valorar diferentes métodos, técnicas y propuestas.

Un psicoterapeuta *casado* con su enfoque y que devalúe los demás, estará perdiendo la oportunidad de ampliar su repertorio técnico-clínico porque, en realidad, no existe un enfoque que se ajuste perfectamente a todas las personas, sino personas que requieren las herramientas de diferentes enfoques.

• Técnica. El pulir las técnicas parte de la experiencia y también de la supervisión. No podemos pulirnos bajo nuestros mismos ojos; necesitamos los ojos de otro *joyero* que nos ayude a afinarnos, a calibrarnos y a permitirnos ver otras alternativas que en el momento del trabajo psicoterapéutico no percibimos.

Un psicoterapeuta que deja de tener supervisión por mucho tiempo tenderá a caer en la repetición; aquel que se permita tenerla de forma periódica encontrará maneras distintas de aplicar las técnicas y al mismo tiempo descubrirá puntos para su trabajo personal.

• Experiencia de vida. Procesar las experiencias cotidianas, las distintas etapas de vida y nuestras pérdidas y nuestros logros siempre será la mejor manera de *calibrarnos* como psicoterapeutas. Al ser más nosotros mismos seremos mejores profesionales y eso sólo se logra por medio del proceso personal.

No hay otra manera de acompañar verdaderamente al otro si no es con nuestro ser. Sin importar si hemos vivido o no la experiencia por la que está pasando nuestro paciente, si buscamos la conexión con su sentimiento básico, siempre podremos encontrarnos con él de alguna manera, porque los sentimientos y las emociones primarias son comunes en todos los seres humanos.

El trabajo del psicoterapeuta nutricio es un trabajo de amor y de eudemonismo, es decir, siempre va en búsqueda de un bien mayor. La meta del proceso psicoterapéutico no debe ser hacer sentir bien al paciente, sino ayudarlo a crecer, dos cosas que no siempre ocurren al mismo tiempo. El balance entre acompañamiento y frustración es indispensable para promover una relación amorosa de cercanía nutricia y de retirada necesaria para promover la individualidad y evitar la confluencia.

Florecemos cuando nos sentimos plenamente aceptados en toda nuestra imperfecta y maravillosa humanidad, cuando dejamos de sentirnos condicionados a actuar un personaje y cuando tenemos la certeza de que estamos a salvo en presencia del otro.

CAPÍTULO 2

LA IMPORTANCIA
DEL MODELAJE

———————————◇———————————

No podemos percibir por completo si no nos conectamos de manera profunda porque el encuentro en la psicoterapia Gestalt se da desde la totalidad del ser humano, en un nivel profundo y en la cocreación de un campo relacional cuyo fin es promover la autoexploración.

———————————◇———————————

Hacer y vivir la Gestalt son dos cosas diferentes.

———————————◇———————————

Hacer Gestalt es relativamente fácil.

———————————◇———————————

Vivir la Gestalt es un asunto de congruencia.

---◇---

El proceso creativo dentro de la terapia Gestalt es un proceso de manifestación personal del psicoterapeuta en el encuentro con el otro. Desde esta visión, cada sesión es una creación independiente y cada encuentro es único.

---◇---

Si bien es cierto que la sesión emerge gradualmente del encuentro, también lo es que la dirección, el cuidado y la planeación de estrategias de intervención quedan en manos del psicoterapeuta.

---◇---

Es un error pensar que la Gestalt se enfoca sólo en el presente, sin tomar en cuenta el pasado. Es justo aquí que empieza a emerger el pasado relevante que está cocreando el aquí y ahora. Seguir con respeto y paciencia la emersión de la figura sin interrumpir, sin interpretar y sin forzar asegura un trabajo justo ahí donde el otro lo requiere.

---◇---

La relación que se establece con el psicoterapeuta es un factor importante en el proceso y potencializa el contacto con las necesidades por medio de un encuentro seguro que brinde la protección que el ambiente no fue capaz de proveer en la historia del paciente.

LA IMPORTANCIA DEL MODELAJE

No se puede enseñar a nadar fuera del agua, como tampoco podemos enseñar a hacer psicoterapia si no modelamos una sesión y la desmenuzamos lo más posible frente a los estudiantes.

Considero fundamental para el estudiante aprender del modelaje e integrar a la explicación de la sesión presenciada los diferentes aspectos del trabajo psicoterapéutico.

En este rubro hay dos puntos sobre los que quiero reflexionar:

1. Profundidad relacional

2. El uso de un esquema

La **profundidad relacional** (Cooper, Mearns, 2011) nos habla de ese encuentro en el cual el contacto con el otro se da a un nivel que va más allá del simple intercambio interpersonal.

En la Gestalt este es un punto básico para percibir y conectarnos con la fenomenología del otro. No podemos percibir por completo si no nos conectamos de manera profunda porque el encuentro en la psicoterapia Gestalt se da desde la totalidad del ser humano, en un nivel profundo y en la cocreación de un campo relacional cuyo fin es promover la autoexploración.

Es necesario que el psicoterapeuta formador modele este estilo-manera de relación con base en la congruencia y la consistencia, para que el psicoterapeuta en formación pueda primero experimentar el poder sanador de un encuentro personal profundo y desde ahí incorporarlo a su repertorio relacional para posteriormente aplicarlo a su práctica profesional.

Hacer y vivir la Gestalt son dos cosas diferentes.

Hacer Gestalt es relativamente fácil; no hay mayor ciencia en el uso de sillas vacías, en las técnicas expresivas o supresivas, o en cualquier otro recurso técnico propio del enfoque.

En cambio, vivir la Gestalt es un asunto de congruencia, de compromiso permanente y de responsabilidad cotidiana que el psicoterapeuta formador requiere modelar, porque es la única manera de transmitirlo. El contacto no se aprende en teoría, sino en la experimentación, y el poder sanador de la profundidad relacional sólo puede comprobarse desde la vivencia interna.

Esto requiere que el psicoterapeuta formador participe en un proceso personal profundo y comprometido, que le permita autoactualizarse constantemente para, como reflexionamos antes, desde ahí seguir relacionándose con los demás.

Por otro lado, es importante contar con un **esquema claro** que permita guiar a los psicoterapeutas novatos en el camino de la psicoterapia; el modelaje acompañado de un esquema permite que el futuro psicoterapeuta siga una línea que con el paso del tiempo adoptará diferentes formas de acuerdo con la creatividad de cada gestaltista.

El proceso creativo dentro de la terapia Gestalt es un proceso de manifestación personal del psicoterapeuta en el encuentro con el otro. Desde esta visión, cada sesión es una creación independiente y cada encuentro es único. De los psicoterapeutas que inician se espera la repetición inicial propia del proceso de obtención de un nuevo conocimiento y, conforme avancen tanto en su proceso personal como en su formación profesional, se espera que cada uno encuentre su propio estilo, independientemente de sus formadores. El proceso de individuación y diferenciación es uno de los parámetros de la Gestalt y como tal tendrá que promoverse en las formaciones profesionales.

Esquema de una sesión de psicoterapia

A continuación comparto el esquema que he desarrollado y ajustado a lo largo de mis años como formadora. A la vez que un esquema, se trata de una coconstrucción dinámica que toma forma en el encuentro psicoterapeuta-paciente. Desde esta visión, si bien es cierto que la sesión emerge gradualmente del encuentro, también lo es que la dirección, el cuidado y la planeación de estrategias de intervención quedan en manos del psicoterapeuta. De ahí la importancia de tener una guía para dirigir la sesión.

El **esquema** que propongo está compuesto por los siguientes puntos.

Exploración del contexto

La recopilación de información desde una percepción fenomenológica es la base de la exploración; a mayor información, mayores serán los recursos con los que contamos para acompañar al paciente. Invertir tiempo en detalles sobre cómo, cuándo, en dónde y para qué, así como cualquier circunstancia que rodee la vida del paciente, proveerá al psicoterapeuta las bases necesarias para poder elaborar las *frases llave* que abran las puertas de su proceso terapéutico.

En este punto la curiosidad natural del psicoterapeuta se entrelaza con la intuición para obtener la información que pueda ser relevante en el proceso y en la sesión en particular.

Contacto-emersión de la figura

El lenguaje verbal y no verbal es la guía fenomenológica que nos ayudará a percibir el cómo emerge la figura. La profundidad relacional que el psicoterapeuta establece con el paciente aporta a la sesión la alianza y el espacio de seguridad suficientes para que el paciente acepte correr el riesgo de autoexplorarse y manifestarse desde una vivencia que va más allá de su mundo cognitivo. Poner particular atención a las sensaciones y sentimientos que emergen en la danza del contacto con el mundo interno y externo será el indicador que orientará al psicoterapeuta respecto a la figura que requiere ser atendida. Esta parte de la sesión se entrelaza con la exploración del contexto y puede observarse un flujo de intercambio entre información, sensaciones y sentimientos que surgen con la narración y con la interacción con la figura del psicoterapeuta.

Es un error pensar que la Gestalt se enfoca sólo en el presente, sin tomar en cuenta el pasado. Es justo aquí que empieza a emerger el pasado relevante que está cocreando el aquí y ahora. Seguir con respeto y paciencia la emersión de la figura sin interrumpir, sin interpretar y sin forzar asegura un trabajo justo ahí donde el otro lo requiere.

Trabajo con sentimientos

El trabajo con los sentimientos como mensajeros de las necesidades en este ir y venir de la figura-fondo, permite al terapeuta ahondar en lo que surja (asuntos inconclusos, cuestiones relacionales y existenciales) y focalizar con resistencias.

El trabajo con sentimientos es básico en el enfoque gestáltico. Los sentimientos se consideran los mensajeros de las necesidades y desde esta visión encontramos una diversidad de sentimientos que, según Preciado (2013), pueden clasificarse como sigue:

- Básicos: son aquellos con los que nacemos y que nos permiten explorar el mundo. Se comparten con todos los seres humanos. Muñoz Polit, M. (2012) y otros humanistas hablan de la M-A-T-E-A, que incluye:

  ◊ El miedo, como sentimiento primordial, indicador de amenaza en cuya parte sana nos defiende y nos alerta y en su parte no sana, nos inmoviliza. Real o imaginario, es todo un tema de exploración.

  ◊ El afecto, como indicador de cercanía, identificación.

  ◊ La tristeza, que indica pérdida y que es el sentimiento más desenergetizante de los sentimientos básicos.

  ◊ El enojo, que indica frustración y es el sentimiento que genera más energía. Dependiendo de hacia dónde y cómo se dirija esa energía podrán observarse consecuencias más o menos sanas.

  ◊ La alegría, que indica satisfacción.

- Neuróticos: representan la deformación de uno o más sentimientos básicos; nos encierran en situaciones que por lo general producen sufrimiento (celos, resentimiento, envidia, odio, culpa, entre otras).

- Existenciales: se desarrollan en función del nivel de conciencia; aquí hablamos de sentimientos como finitud, libertad, amor, vacío fértil.

Trabajo con resistencias

Swanson (1986) hace una propuesta muy interesante al presentar una clara distinción entre lo que son los procesos que tienen lugar en la frontera del contacto y los estados de la misma. Presenta un esquema polar que he encontrado valioso y útil tanto en el proceso terapéutico como en el entrenamiento de nuevos psicoterapeutas.

Otros autores hacen una propuesta diferente incluyendo términos distintos o excluyendo algunos; no manejan el concepto de polaridad que yo he encontrado tan útil de la propuesta de Swanson, ni hacen la diferenciación entre procesos y estados de frontera, que desde mi visión da tanto sentido a la comprensión de la pauta neurótica. Lo importante de una propuesta es primero entenderla, después comprobarla y más adelante incluirla en nuestro repertorio psicoterapéutico. Retomo lo que ya dije, todo lo que los autores escribimos son sólo propuestas.

Swanson menciona que los procesos de frontera son aquellos movimientos energéticos que se dan en la frontera de contacto y que nos permiten o impiden obtener nutrimento emocional. Estos pueden ser:

- Sanos: nutricios (promueven el desarrollo humano)

- No sanos: tóxicos (obstaculizan el desarrollo humano)

En función de cómo se den estos procesos de frontera se conformará el estado de la frontera de contacto que puede ser:

- Sana: flexible, se abre a lo nutricio y se cierra a lo tóxico.

- No sana: rigidizada ya sea en la apertura, lo que hablaría de confluencia, o en la cerrazón, lo que estaría hablando de aislamiento.

Swanson habla de que estos procesos de frontera son polares y como tales la energía se dirige hacia diferente dirección, ya sea intrapersonal o interpersonal. Presenta el siguiente esquema, que resulta valioso para el trabajo psicoterapéutico.

$\uparrow$ Introyección ---------------- Proyección $\downarrow$

$\uparrow$ Retroflexión ---------------- Proflexión $\downarrow$

$\uparrow$ Fijación ---------------------- Deflexión $\downarrow$

De manera muy resumida podemos entender los procesos de frontera en su parte no sana y sana como:

- **Introyección:** me trago sin digerir lo que me dan. Base del proceso de socialización

- **Proyección:** veo en los otros lo mío. Permite el proceso de identificación

- **Retroflexión:** me hago a mí mismo lo que me gustaría hacer al exterior. Alternativa para el autoapoyo

- **Proflexión:** le hago al otro lo que me gustaría que me hicieran a mí: "te doy lo que necesito". Permite y promueve dar en forma nutricia

- **Fijación:** me quedo en lo viejo y conocido. Permite el desarrollo de la tenacidad

- **Deflexión:** me evado, disminuye el contacto. Alternativa para el manejo sano de situaciones amenazantes a la psique

Dependiendo de qué tan rigidizados se encuentren, los procesos de frontera nos dan un estado de frontera:

↑ Aislamiento --------------------- Confluencia ↓

- Confluencia: me pierdo de mí en el otro

- Aislamiento: no hay contacto

Estas fronteras se rigidizan cuando hay necesidad de control hacia el ambiente y es justo en ese momento en que dejan de funcionar a favor del nutrimento y se convierten en un obstáculo para el contacto. Ninguno de estos mecanismos son buenos o malos, son como son y como tal son útiles.

El objetivo de trabajo en cada resistencia es distinto y para alcanzarlo, el psicoterapeuta deberá desarrollar diferentes estrategias y utilizar diferentes técnicas de acuerdo con su propio estilo.

La meta del trabajo en cada una es la siguiente:

Introyección: promover la capacidad de selección y elección convirtiendo en valores personales aquello que se "tragó" sin digerir o bien, desechando lo que ya no nos es útil para regir nuestra vida, devolviéndolo a quien le pertenece.

Proyección: recuperar la energía depositada en otros reconociendo como mías las características que veo exageradas o sumamente disminuidas como una vía para recuperar mi potencial y mi poder personal.

Retroflexión: promover el autocuidado dirigiendo la energía tóxica hacia fuera y redirigiendo la energía nutricia hacia el interior, a la vez que promuevo el autoapoyo básico para la independencia emocional.

Proflexión: aprender a pedir y a dar lo nutricio, que no es otra cosa sino dar aquello que el otro necesita, no lo que yo creo que el otro necesita desde mi propia visión y necesidades.

Fijación: detectar qué me mantiene ahí, realizar un análisis de ganancias y pérdidas y visualizar nuevas formas de relación que aporten "aire nuevo" al esquema interno y relacional.

Deflexión: promover el contacto de manera gradual tanto a nivel interno, como externo.

Aislamiento: promover la identificación con el otro para permitir la entrada de nutrimento relacional al mundo interno, comprendiendo que el aislado es un confluente fóbico. Es decir, me aíslo por miedo a perderme en el contacto.

Confluencia: trabajar la diferenciación y el establecimiento de límites con el objetivo de rescatar la individualización, tomando en cuenta que el confluente es un aislado fóbico; es decir, tiene terror al abandono y cualquier intento de separación le genera ansiedad.

Detección y atención de necesidades

La detección de necesidades es la base medular de la sesión psicoterapéutica porque únicamente desde ahí podemos buscar alternativas reales para la satisfacción. En esta parte de la sesión pueden proponerse diferentes experimentos que permitan que las necesidades emerjan poco a poco. En esta experimentación podrá observarse una ida y vuelta a los sentimientos en el juego de figura-fondo hasta poder identificar la necesidad central de la sesión o el tema que surja.

De la misma manera que con los sentimientos, también encontraremos las necesidades básicas –las ya descritas por Maslow en su pirámide–, las neuróticas –las creadas– y las existenciales, que surgen una vez que las básicas quedan cubiertas.

La relación que se establece con el psicoterapeuta es un factor importante en el proceso y potencializa el contacto con las necesidades por medio de un encuentro seguro que brinde la protección que el ambiente no fue capaz de proveer en la historia del paciente.

Resignificación y rescate de aprendizajes

La alianza con las partes sanas es la base misma del humanismo, pues ellas servirán de autoapoyo a lo largo del proceso de la persona y permitirán establecer una base de seguridad en la relación terapéutica. La resignificación implica una ampliación de conciencia en sí misma, una mayor comprensión del tema que se haya trabajado, y la visualización de alternativas nuevas de relación y a nivel existencial. Al llegar a este punto ya no hay regreso a los estadíos anteriores pues aquí empieza ya a trabajarse el cierre de la sesión.

Autoapoyo

Esta parte es muy útil para fortalecer el darse cuenta, reforzando la ampliación de conciencia con los recursos que se encuentren a la mano: grupo, fantasía, ensayo, etcétera. Si bien puede ser un elemento de la resignificación, la menciono como punto y aparte debido a la importancia del autoapoyo en Gestalt.

Cierre

Si consideramos el cierre como una parte vital de la filosofía Gestalt, es clara la importancia que un buen cierre de la sesión implica. Cuando trabajamos el cierre de la sesión construimos las bases para la siguiente y a la vez elaboramos el escalón sobre el cual se sustentará el próximo paso en la ampliación de conciencia y en la recuperación del potencial personal. Por ello sugiero empezar a trabajar el cierre 15 minutos antes del término de la sesión y poner particular énfasis en que la persona se vaya acomodada, no contenta. Es un error pensar que un buen cierre es sinónimo de que el paciente se vaya contento; yo no estoy de acuerdo. Para mí un buen cierre es aquel que permite que la persona se vaya clara, acomodada y con cosas para seguir trabajando aun si se siente frustrada. Recordemos la importancia del balance entre apoyo y frustración.

No trabajamos para complacer al paciente, sino para ayudarlo a crecer.

En la figura 1.3 se presenta, a manera de resumen, el esquema de la sesión terapéutica abordado en este capítulo.

Figura 1.3 Esquema de sesión psiterapéutica

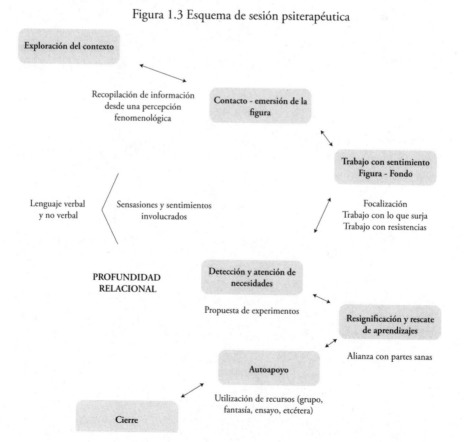

CAPÍTULO 3

SUPERVISIÓN DE HABILIDADES PSICOTERAPÉUTICAS

——————————◇——————————

Las habilidades psicoterapéuticas se desarrollan poco a poco en función de la práctica y del proceso personal que viva el psicoterapeuta en formación.

——————————◇——————————

Cabe hacer una reflexión en el impacto tan grande que puede tener un supervisor en el desempeño profesional de un aprendiz de psicoterapeuta; cualquier modelo de supervisión que conlleve crítica, devaloración o humillación, no sólo será antiético sino absolutamente antigestáltico.

——————————◇——————————

La congruencia en el ser y el hacer también se aprende y cuando estamos al frente de un grupo, nos convertimos en modelos, lo que dista mucho de ser perfectos. Sin embargo, si el supervisor promueve un enfoque basado en el respeto de la individualidad y en la calidez, es un compromiso ético sustentar la teoría con la práctica-vivencia.

Un psicoterapeuta estancado en su zona de confort, con el tiempo se convertirá en un psicoterapeuta mediocre cuyos síntomas serán el aburrimiento y la pérdida de entusiasmo por su trabajo.

Correr riesgos, permitirse ser supervisado en un ambiente cálido y respetuoso es una vía segura de crecimiento y de actualización.

Seguir la intuición, honrar la curiosidad sin invadir la privacidad del otro es un acto de constante presencia terapéutica.

Existe un pasado relevante que se hace presente cuando emerge del fondo y se convierte en figura; ese es el aquí y ahora que requiere atención.

Mientras se acompañe desde el respeto y la profundidad relacional, no existe error psicoterapéutico y cualquier estrategia aportará beneficios.

SUPERVISIÓN DE HABILIDADES PSICOTERAPÉUTICAS

Las habilidades psicoterapéuticas se desarrollan poco a poco en función de la práctica y del proceso personal que viva el psicoterapeuta en formación. Resulta fundamental considerar que el modelaje del psicoterapeuta formador es vital para el aprendizaje, ya que será el referente sobre el cual el novato desarrollará gradualmente su propio estilo.

Método evolutivo de supervisión terapéutica

Daskal (2008) menciona el modelo evolutivo que se basa en el concepto de que los psicoterapeutas atraviesan diferentes estadíos en su desarrollo profesional, por lo que las supervisiones deben diseñarse y dirigirse en función de la etapa en la que se encuentre el supervisado.

1. *Psicoterapeutas principiantes.* En esta etapa es imprescindible para los supervisados tener una estructura sólida a seguir y claridad sobre las técnicas por evaluar. Por tanto, hay que contar con un esquema claro a partir del cual dirigir la sesión, como ya expliqué. Debido a su escasa experiencia, los supervisados estarán más rígidos, más ansiosos y, por lo mismo, más expuestos a cometer errores como generalizaciones, técnicas estereotipadas o burdas imitaciones de los modelos terapéuticos a seguir. Esto se espera en esta etapa y el supervisor debe ser muy cuidadoso para no exigir de más y con esto lastimar la autoestima del novato. La confianza es el punto principal que debe fortalecerse al inicio para que el aspirante pueda desarrollar su creatividad y se permita explorar su hacer.

"Institucionalmente, los supervisores de principiantes son más responsables que los de psicoterapeutas avanzados" (Daskal, 2008, p. 217).

Cabe hacer una reflexión en el impacto tan grande que puede tener un supervisor en el desempeño profesional de un aprendiz de psicoterapeuta; cualquier modelo de supervisión que conlleve crítica, devaloración o humillación, no sólo será antiético sino absolutamente antigestáltico.

Con cierta frecuencia, se relaciona la palabra supervisión con un proceso evaluativo lo. que genera más ansiedad que entusiasmo y más miedo que confianza, estados que provocarán más errores por la autoexigencia resultante. Esto es un error en la formación de psicoterapeutas.

La congruencia en el ser y el hacer también se aprende y cuando estamos al frente de un grupo, nos convertimos en modelos, lo que dista mucho de ser perfectos. Sin embargo, si el supervisor promueve un enfoque basado en el respeto de la individualidad y en la calidez, es un compromiso ético sustentar la teoría con la práctica-vivencia.

La supervisión para psicoterapeutas novatos debe verse como la oportunidad de cometer "errores" bajo la mirada benévola del formador sin el componente crítico. Es lo único que le dará la confianza necesaria para encontrar su estilo en el futuro.

2. *Psicoterapeutas en la etapa media del desarrollo.* La supervisión en esta etapa está más enfocada en comprender lo complejo de los pacientes; en esta parte surgen con mayor fuerza las inseguridades, los límites propios de la historia de vida que se reavivan al interactuar con los pacientes.

En esta etapa suele tenerse estas principales dificultades: la focalización, la resolución de estancamientos en el proceso terapéutico y nuevas propuestas de técnicas relacionadas con la creatividad.

Los supervisores en esta etapa pueden ser más incisivos que en la anterior y confrontar de manera más directa al psicoterapeuta sobre sus procesos. Se busca que el psicoterapeuta intermedio salga de su zona de confort y se anime a correr riesgos "seguros", tanto en la propuesta de experimentos, como en intervenciones más apegadas a su estilo propio.

Un psicoterapeuta estancado en su zona de confort, con el tiempo se convertirá en un psicoterapeuta mediocre cuyos síntomas serán el aburrimiento y la pérdida de entusiasmo por su trabajo.

Correr riesgos, permitirse ser supervisado en un ambiente cálido y respetuoso es una vía segura de crecimiento y de actualización.

3. *Psicoterapeutas avanzados.* En esta etapa hay un aumento considerable de la flexibilidad y la creatividad, por lo que la supervisión adquiere un matiz más procesal que técnico.

El foco aquí está más en las fortalezas y debilidades que en las técnicas, y la capacidad de establecer un diálogo respetuoso, ético y directo con el supervisado se incrementa.

La supervisión a psicoterapeutas avanzados ya no es meramente formativa, sino de actualización y permite obtener ese respiro de observaciones que aporten el "aire fresco" que todos necesitamos después de trabajar por nuestra cuenta.

Ponernos bajo los ojos de un colega experimentado y nutrirnos con sus aportaciones, que pueden sernos útiles o no, implica un gran proceso personal que necesitamos eventualmente todos los psicoterapeutas para "afinarnos".

"Muchas experiencias traumáticas en el contexto de las supervisiones pueden evitarse si se tiene en cuenta el momento de formación evolutiva del supervisado" (Daskal, 2008, p. 218).

Los psicoterapeutas que han sido formados bajo un esquema de supervisión más cuidado y apegado a su momento evolutivo son capaces de desarrollar mayor creatividad y de encontrar su estilo propio, que aquellos que fueron supervisados bajo un esquema crítico, quienes tenderán a ser más repetitivos y a imitar a sus formadores, con mayor probabilidad de quedarse en su zona de confort.

Habilidades psicoterapéuticas

Las habilidades básicas a supervisar son:

1. **Exploración del contexto.** Cuanto más datos, mayor información y mayores herramientas para poder comprender la fenomenología del otro. Formular preguntas simples, sencillas, que nos permitan conocer más del entorno siempre será benéfico en esta etapa. No podemos elaborar estrategias de intervención si no conocemos al paciente y comprendemos su marco de referencia. Un dato puede hacer la diferencia en el momento de confrontar, reflejar y acompañar.

   Seguir la intuición, honrar la curiosidad sin invadir la privacidad del otro es un acto de constante presencia terapéutica. Preguntar sólo aquello que necesitamos para comprender el contexto, sin preguntas innecesarias es todo un arte. La supervisión en este sentido se orientará a revisar el para qué de las preguntas. El paciente está en psicoterapia, no en un confesionario y hacerle sentir seguro y dueño de su intimidad es fundamental.

2. **Acompañamiento gestáltico.** Este punto se refiere a usar como herramientas estratégicas el tono de voz; la cercanía física y el toque; el lenguaje responsable y el equilibrio entre apoyo y frustración, así como el acompañamiento cálido, firme, amoroso y suficientemente objetivo para confrontar aquellas pautas que impidan el crecimiento del otro.

   La supervisión aquí consta de revisar la profundidad relacional lograda en la sesión, así como el balance entre apoyo y frustración.

3. **Promoción del contacto.** El contacto es básico es la psicoterapia Gestalt, pues en él radica toda la magia del aquí y el ahora y es lo que permite que emerja la figura.

   a. Sensaciones. Poner atención al cuerpo, a la respiración, a cada una de las manifestaciones físicas que se presenten a lo largo de la sesión es la guía más segura y certera para atender la figura. "Abandona tu mente y retorna a tus sentidos", decía Perls, y esto siempre será el corazón mismo de la Gestalt pura.

b. Sentimientos. Si partimos de que detrás de cada sentimiento hay una necesidad, el identificar los sentimientos que surjan poco a poco será el camino para poder captar el tema central y las necesidades que requieren atención.

La supervisión en este punto va enfocada hacia el respeto al ritmo y momento del paciente; a la promoción del contacto y al ir y venir entre contacto y retirada. Es imprescindible ayudar a que el supervisado detecte si presiona, apura o interrumpe el contacto del otro o si fluye con él a su ritmo y de acuerdo con su momento de vida.

4. **Captación del tema central.** El tema central es el punto sobre el que girará la sesión. Nos permite identificar las habilidades que ha desarrollado el paciente, sus áreas de fortalezas y de oportunidad. Únicamente captando el tema central se puede avanzar en el proceso psicoterapéutico. El tema central puede girar alrededor de un asunto inconcluso, de polaridades alienadas, de partes, entre otros. La captación del tema central permite la focalización que no sólo va a promover un trabajo más rápido, sino también un menor desgaste tanto en el paciente como en el psicoterapeuta.

La supervisión en este aspecto se enfocará en revisar el manejo del tiempo, la focalización del proceso durante la sesión y la claridad del tema central en relación con la estrategia psicoterapéutica.

5. **Trabajo figura-fondo.** Una vez que se atienden las sensaciones, los sentimientos emergen uno a uno y la figura va cambiando. La habilidad para seguir esta danza psicológica y energética es lo que permite al psicoterapeuta gestáltico atrapar el pez "más fresco", parafraseando a Fritz Perls. Pueden existir muchas figuras en una sesión, y todas nos llevarán a algún lado; lo importante es seguir aquella que fenomenológicamente sobresalga de las demás, en el paciente, no en la mente del psicoterapeuta.

Existe un pasado relevante que se hace presente cuando emerge del fondo y se convierte en figura; ese es el aquí y ahora que requiere atención.

La supervisión se centra en revisar qué le hizo figura al psicoterapeuta y qué tan congruente y consistente fue su estrategia de intervención.

6. **Trabajo con resistencias.** Esta parte de las habilidades es indispensable para trabajar las autointerrupciones del paciente en la sesión y permite identificar la pauta neurótica que predomina en un proceso. En un capítulo anterior describí la propuesta de resistencias polares de John Swanson, por considerarla sumamente útil en el trabajo psicoterapéutico. Identificar y trabajar en las resistencias nos permite traspasar la barrera de la autointerrupción y poder llegar al contacto con las necesidades.

   La supervisión requiere apegarse a la revisión de lo obvio, de aquello que está interrumpiendo el contacto del paciente y de la percepción que el psicoterapeuta tuvo de ello. En ocasiones el novato se percata mas no sabe cómo trabajar lo que emerge como autointerrupción y esto es muy útil de descubrirse en la supervisión pues permite un aprendizaje sumamente enriquecedor.

7. **Detección y contacto con necesidades.** Lograr contactar con las necesidades significa haber alcanzado la meta de la sesión. Permite no únicamente detectarlas, sino que abre la puerta a la posibilidad de atenderlas ya sea por medio de la propuesta de experimentos o de la relación psicoterapéutica, lo que sin duda será un avance importante en la recuperación del poder personal. El psicoterapeuta forma parte del campo del paciente y como tal cumple con un papel innegable que modifica el estar y el hacer en el momento del encuentro. No existe figura aislada del campo y este es un punto vital para ser tomado en cuenta.

   La supervisión aquí se enfoca en revisar la propuesta de experimentos, cómo fueron, con qué objetivo y su utilidad para el momento existencial del paciente. Esta revisión suele aportar una luz muy grande al revisar la serie de posibilidades que existen en el mundo de la Gestalt para promover la toma de conciencia. La Gestalt es mucho más que una silla vacía.

8. **Resignificación y rescate de aprendizajes.** Una vez que somos capaces de ver una situación desde distintas perspectivas, podemos decir que hemos ampliado conciencia. Aprender de lo que vivimos es, en sí mismo, un proceso terapéutico y el poder aplicar a nuestra vida cotidiana lo que rescatamos de cada sesión es una manera de continuar con el proceso afuera de la sesión, lo cual implica trabajar a favor del autoapoyo y desarrollar herramientas de vida que favorezcan la independencia e individualidad.

   La supervisión en este punto en particular se focaliza en el cómo se promovió la ampliación de conciencia del otro. Qué tipo de recursos psicoterapéuticos se utilizaron para profundizar en la apropiación de la resignación o en la reflexión de lo obtenido en la sesión. Tener presente que la meta fundamental de una sesión de psicoterapia Gestalt es la ampliación de conciencia y no la complacencia al paciente siempre será muy útil.

9. **Promoción del autoapoyo (alianza con partes sanas).** Esta siempre será la meta del proceso gestáltico. Una persona parada sobre sus propios pies sin ningún tipo de dependencia del psicoterapeuta hablará no sólo de sí misma, sino de la calidad del proceso psicoterapéutico que ha llevado. Un paciente dependiente de su psicoterapeuta no sólo habla de su propia pauta neurótica, sino de la del psicoterapeuta.

   Repito con bastante frecuencia que como psicoterapeutas no es nuestra meta que el otro se sienta bien, sino que crezca como persona a través de sus descubrimientos.

   En este punto la supervisión gira alrededor del respeto a la individualidad, de la promoción de la diferenciación y de la apropiación de la responsabilidad.

10. **Cierre.** El tiempo invertido en un cierre completo de cada sesión es tiempo invertido en la completud del paciente. Si bien no es posible cerrar todos los asuntos inconclusos en una sesión, siempre podrá terminarse la sesión con una resignificación y un rescate de aprendizajes, a excepción de aquellas sesiones en las que por estra-

tegia psicoterapéutica el paciente se va frustrado. La resignificación y el rescate de aprendizajes serán el foco de la siguiente sesión; aunque este tipo de sesiones son las menos frecuentes, es importante tomarlas en cuenta como posibilidad.

La supervisión aquí gira en torno al tiempo invertido en el cierre, cómo se llevó a cabo y las estrategias alrededor de él.

A continuación presento un formato de supervisión en el que la revisión del hacer psicoterapéutico se da bajo tres parámetros de acuerdo con el supervisor:

1. No se presentó y era necesario
2. Se presentó y fue insuficiente
3. Intervención adecuada

También es útil tomar en cuenta cuál fue el tema central detectado por el psicoterapeuta, debido a que el supervisor puede tener una percepción diferente y haber realizado la supervisión alrededor de su propia idea; en ocasiones, escuchar la percepción del psicoterapeuta que dirigió la sesión ayuda a comprender la estrategia que siguió en su trabajo. En otras, permite ampliar su visión y puede dar luz sobre proyecciones o necesidades propias que pueden ser tema de su propio proceso personal.

Lo mismo sucede con la ubicación del estrato de la neurosis, de los procesos de frontera y del estado de frontera que predominó en la sesión.

Esto permite hacer de las sesiones una revisión más estructurada y sólida para que el psicoterapeuta novato pueda detectar las áreas en las que necesita mayor trabajo, aquellas que se repitan de sesión en sesión y aquellas en las que pueda confirmar que ha ido desarrollando habilidades estratégicas firmes.

Insisto en una supervisión orientada hacia el reconocimiento al esfuerzo y centrada en la búsqueda de alternativas de mejora, no desde una visión crítica ni devaluativa.

Mientras se acompañe desde el respeto y la profundidad relacional, no existe error psicoterapéutico y cualquier estrategia aportará beneficios.

FORMATO DE SUPERVISIÓN

SUPERVISOR:

TERAPEUTA / PACIENTE:

FECHA:

1	Exploración del contexto (¿suficiente información?)	1	2	3
2	Acompañamiento gestáltico: tono de voz, cercanía física, toque, lenguaje responsable. Equilibrio apoyo-frustración	1	2	3
3	Promoción del contacto	1	2	3
3.1	Contacto con sensaciones	1	2	3
3.2	Contacto con sentimientos	1	2	3
4	Captación del tema central	1	2	3
5	Trabajo figura-fondo	1	2	3
6	Trabajo con resistencias	1	2	3
7	Detección y contacto con necesidades	1	2	3
8	Resignificación y rescate de aprendizajes	1	2	3
9	Promoción del autoapoyo (alianza con partes sanas)	1	2	3
10	Cierre	1	2	3

Escala de evaluación

1 No se presentó y era necesario
2 Se presentó y fue insuficiente
3 Intervención adecuada

Tema central: _____

Estrato: _____

Procesos de frontera (en orden de importancia):

1. _____

2. _____

3. _____

Estado de frontera:

Observaciones generales _____

_____

_____

CAPÍTULO 4

TRABAJO CON SUEÑOS

———————— ◇ ————————

Desde el enfoque gestalt no hay nada más individual y auténtico que la relación de un sueño con su soñante, por lo que la interpretación queda descartada por completo.

———————— ◇ ————————

Únicamente el soñante sabe el verdadero significado de su sueño, pero no lo conoce.

———————— ◇ ————————

Hay diferentes esquemas, propuestas psicoterapéuticas y aproximaciones al trabajo con los sueños; sin embargo, desde el enfoque Gestalt todas llevan hacia el mismo punto que yo resumo en tres grandes pasos: revivir el sueño para rescatar la energía depositada en los símbolos, ampliar conciencia y rescatar el mensaje existencial.

El trabajo con los sueños puede tomar diferentes caminos y servir para diferentes propósitos; sin embargo, la meta final será siempre buscar la integración del ser humano por medio de la recuperación de la energía proyectada en ellos.

El trabajo con los símbolos es la parte mágica del trabajo con los sueños en Gestalt; es el momento en el que convergen el consciente y el inconciente en un lenguaje elaborado única y exclusivamente para el paciente.

Es importante comprender que cada símbolo representa una parte de la persona y por ello tiene energía yoica; aun los símbolos que pueden parecer aterradores, como una ola enorme que va a devorar la playa, pueden ser útiles.

Jamás sabremos lo que un símbolo representa hasta que el mismo paciente lo encuentre. En Gestalt no hay interpretación, hay revivenciación y rescate de significados individuales porque somos seres únicos y, por lo tanto, nuestra producción onírica también lo es.

TRABAJO CON SUEÑOS

Hace mucho tiempo, cuando el mundo era joven, un viejo líder espiritual lakota estaba en una alta montaña y tuvo una visión.

En esta visión, Iktomi, el gran Maestro de la Sabiduría, apareció en forma de araña. Iktomi habló al anciano líder en un lenguaje sagrado, que sólo los sabios en conocimientos y espiritualidad entre los lakotas podían entender.

Mientras le hablaba, Iktomi, que continuaba bajo la apariencia de una araña, tomó un aro de sauce, el del árbol de mayor edad; luego, sacó de una bolsa que llevaba escondida —no se sabe dónde— algunas plumas de ave sagrada, una trenza de pelo de caballo, cuentas de huesos coloreadas y otros abalorios...

.... y empezó a tejer una tela de araña.

Mientras hacía su labor, hablaba con el anciano acerca de los círculos de la vida, de cómo empezamos la vida como bebés y crecemos a la niñez y después a la edad adulta... De cómo, finalmente, vamos a la ancianidad, donde debemos ser cuidadosos —tanto como cuando éramos bebés— completando de esta manera el círculo.

En un monólogo, que proseguía ante el atento anciano, Itkomi reflexionaba...

"En cada tiempo de la vida hay muchas fuerzas, algunas buenas, otras malas.

"Si te encuentras en las buenas fuerzas, ellas te guiarán en la dirección correcta. Pero si escuchas a las malas, ellas te lastimarán y te guiarán en la dirección equivocada...

"...Ahí hay muchas fuerzas y diferentes direcciones, y pueden ayudar a interferir con la armonía de la Naturaleza; también con el Gran Espíritu Manitou y sus maravillosas enseñanzas..."

Sus palabras no lo distraían de su tarea; Itkomi no dejaba de manipular todos los componentes de su red, entretejiendo una vistosa telaraña. Había empezado por afuera y continuó trabajando hacia el centro, de manera que según continuaba con su narración, el anciano reparó en que aquello estaba casi concluido.

Cuando Iktomi terminó de hablar, le dio al anciano lakota la red y le dijo:

"Mira la telaraña, es un círculo perfecto, pero en el centro hay un agujero.

"Usa la telaraña para ayudarte a ti mismo y a tu gente a alcanzar tus metas y hacer buen uso de las ideas de la gente, de los sueños y las visiones.

"Si crees en el Gran Espíritu, la telaraña atrapará tus buenas ideas, y las malas se irán por el agujero."

Entonces, el anciano lakota le transmitió su visión a su gente y ahora ellos usan el atrapasueños como la red de su vida. El talismán se cuelga sobre la cabecera de sus camas, o en alguna pared de su casa, con el fin de escudriñar sus sueños y visiones.

Lo bueno de sus sueños es capturado en la telaraña de la vida y enviado con ellos; lo malo de sus sueños, escapa por el agujero que hay en el centro de la red y no volverá a formar parte de ellos.

De ese modo, ellos creen que el atrapasueños vela por el destino de su futuro.

Leyenda lakota

El argumento de nuestra vida está completo en cada uno de nuestros sueños.

F. Perls (2002)

El mundo de los sueños es tan apasionante como misterioso; puede llevarnos a las partes más oscuras de la personalidad y sin duda alguna nos brindará la luz más brillante que podamos encontrar sobre nuestra individualidad. Desde el enfoque gestalt no hay nada más individual y auténtico que la relación de un sueño con su soñante, por lo que la interpretación queda descartada por completo.

Únicamente el soñante sabe el verdadero significado de su sueño, pero no lo conoce; entendiendo el saber como la sabiduría propia del mundo interno y el conocimiento como el contenido que pasa a la conciencia. Esto significa que aunque el soñante es sabio acerca de sí mismo, su conciencia no tiene toda la información; por eso el trabajo con los sueños se convierte en una herramienta maravillosa para traer a la conciencia la sabiduría de nuestro interior y poder dialogar con ella en un tú a tú apasionante y liberador que asombra a cuantos participan en él.

El trabajo con los sueños es un arte y yo lo equiparo con hilar un tapete mágico; es necesario observar los diferentes hilos, con sus diferentes colores, texturas y características que aparecen paulatinamente en la narración, para después empezar a hilarlos de una manera que permita que el soñante recupere el mensaje existencial que cada uno de ellos aporta a su vida. El trabajo del psicoterapeuta es vital y requiere estrategias específicas y definidas que intentaré desglosar con la mayor claridad posible.

Hay diferentes esquemas, propuestas psicoterapéuticas y aproximaciones al trabajo con los sueños; sin embargo, desde el enfoque Gestalt todas llevan hacia el mismo punto que yo resumo en tres grandes pasos: revivir el sueño para rescatar la energía depositada en los símbolos, ampliar conciencia y rescatar el mensaje existencial.

Los *cómo* varían de un psicoterapeuta al otro y quizá lo que encuentres aquí sea diferente de lo que otros autores puedan compartirte. Al final, lo importante es que encuentres tu propio estilo y que *bordes* sueños con tu propia individualidad creativa.

Tuve la fortuna de tener como formadora a Martha Preciado Medina, en Guadalajara, Jalisco, en México, y conocer de primera la mano la importancia del trabajo de sueños que ella hermosamente acuñó y sobre el que yo he ido haciendo modificaciones y aportaciones. Me parece importante darle el crédito porque, aunque ella no publicó nada, sí for-

mó a muchas generaciones que hasta el día de hoy atesoramos sus enseñanzas en nuestro corazón. Sea pues este capítulo un homenaje a su me-
moria y un agradecimiento a su Ser y su Hacer.

Tipos de sueños

Existe una gran diversidad de sueños; los hay de muchas formas, colores,
aromas; locos, cuerdos, fantasiosos, reales, inauditos, históricos, terroríficos, simpáticos, tontos y hasta algunos aparentemente sin sentido. Algunos permanecen vivos por siempre y otros se olvidan instantes después
de despertar o ni siquiera se recuerdan; otros incluso nos dan el lujo de
volver a soñarlos y terminarlos como se nos da la gana; otros no son tan
benévolos y nos persiguen noche tras noche de una u otra manera.

Para comprender con más claridad cómo funciona el mundo de los
sueños, te invito a analizar la Figura 3.1.

Figura. 3.1 Mecanismo de Censura Onírica

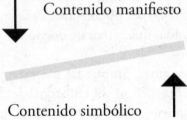

Contenido manifiesto

Contenido simbólico

Los sueños tienen dos niveles, como bien lo explicó Freud (1979) en
su maravillosa propuesta:

- **Contenido manifiesto:** El contenido manifiesto es el guión del sueño; lo que vemos cuando soñamos y lo que recordamos cuando
  despertamos.

- **Contenido simbólico:** Es lo que el sueño significa, que en muchas
  ocasiones difiere enormemente de la interpretación que nosotros le
  damos.

Entre estos dos niveles existe el **Mecanismo de Censura (MC)** que viene a ser el filtro o decodificador que intenta explicar el sueño y funciona como "inspector", eligiendo qué va a la conciencia, qué no y cómo.

En muchas ocasiones el contenido manifiesto es muy amenazante porque atenta contra los valores, introyectos, prohibiciones, tabúes, etc. de la persona y entonces el MC lo enmascara (cambiando o modificando el símbolo) o lo prohíbe (haciendo que el sueño no se recuerde). Cuando esto ocurre, por lo general el soñante se despierta con la sensación de que hay algo más en ese sueño que no puede recordar o no puede explicar.

Distinguir los diferentes tipos de sueños ayuda al psicoterapeuta a ubicarse de inicio antes de empezar a trabajarlos; de ahí la utilidad de la clasificación que propongo.

a. **Restos diurnos.** Son todos los sueños que reflejan parte de lo que hicimos en el día, a dónde fuimos, la película que vimos, alguien de quien hablamos, alguna comida que probamos o que se nos antojó y no comimos; en fin, todo lo relacionado con nuestra actividad del día. Es como un proceso de digerir lo que vivimos durante el día y, aunque pareciera que son los sueños menos "ricos" para trabajar, sin duda aportan material importante también, pues todo lo que se produce en el sueño de alguna manera está conectado a nuestro interior y por algo se eligió ese símbolo y no otro. Finalmente, nos proyectamos en cada uno de ellos.

b. **Premonitorios.** Los sueños de este tipo están relacionados con la parte del inconsciente colectivo que compartimos con el universo. Hay muchos mitos alrededor de los sueños premonitorios; mi opinión personal al respecto es que somos seres de energía conectados en diferentes dimensiones; todos somos capaces de percibir los cambios energéticos, sólo que algunas personas son más sensibles que otras. Cuando estamos dormidos, nuestras resistencias bajan y el radar vivo que somos está más abierto a la percepción; justo en ese momento se perciben cosas que van a pasar o que ya se están generando en otras dimensiones. No es que nosotros los provoquemos o que podamos hacer algo para evitarlos, quizá podamos prepararnos para enfrentar lo que viene; la realidad es que simplemente funcionamos como un radar que capta los cambios energéticos en el universo. Normalmente este tipo de sueños tiene un "matiz especial" que los pacientes suelen diferenciar muy bien. El trabajo con ellos permite rescatar aprendizajes valiosos para el paciente y contactar con la sensibilidad que se tiene; en ocasiones puede ayudarlo a ser conciente de esta sensibilidad y a encontrar una manera sabia y útil de aliarse con ella.

c. **Simbólicos.** Estos quizá son los sueños más ricos para trabajar en terapia. Aunque por definición todos los sueños están conformados por símbolos, llamo simbólicos a aquellos sueños que parecen locos, sin pies ni cabeza, metafóricamente hablando, en los que aparece una imagen o un sonido, no hay secuencia lógica y pueden estar compuestos desde un solo símbolo hasta múltiples imágenes. Son el tipo de sueños tras los cuales despertamos con una sensación de extrañeza y curiosidad, preguntándonos ¿qué significan? Suelen ser sueños que llevan a las personas a buscar manuales de interpretación de sueños, completamente inútiles desde el enfoque gestáltico, en un intento de comprender el significado. Estos sueños nos permiten internarnos en el mundo inconsciente del paciente para rescatar el mensaje existencial que le brindará guía y luz en su camino. Es el contacto directo con su sabiduría interior.

d. **Pesadillas.** Una pesadilla es cualquier sueño que genera ansiedad o angustia, ya sea durante el proceso onírico o al despertar.

- Pesadillas abiertas *(contenido manifiesto angustiante).* Como su nombre lo indica, estos sueños son los típicos sueños terroríficos que hacen gritar o incluso despertar al soñante envuelto en un estado de angustia y terror. Normalmente se recuerdan a lo largo del día y el estado de alerta generado por ellos persiste incluso a nivel físico. Este tipo de sueños permite liberar una gran cantidad de energía acumulada en el mundo interior como resultado de luchas inconscientes y suelen ser indicadores de conflictos que se están viviendo y que necesitan manejarse de maneras más útiles y productivas con el fin de disminuir la ansiedad que los eventos están provocando en la vida de la persona. Los símbolos manifiestos suelen ser aterradores en sí mismos: monstruos, destrucción, persecuciones, muertes y cualquier símbolo que atente contra la integridad del ser humano.

- Pesadillas encubiertas *(contenido simbólico angustiante)*. Estos sueños son más complejos debido a que, a diferencia de los sueños anteriores, no hay símbolos aterradores sino que la sensación y el matiz emocional del sueño, lo son. El paciente suele despertar con una sensación de angustia que no puede explicarse debido a que no encuentra en su sueño nada que le indique qué ocurre. Un ejemplo claro y detallado de este tipo de pesadillas encubiertas es el trabajo de B. que comparto más adelante. Las pesadillas de este tipo normalmente son indicadores de asuntos inconclusos muy fuertes vividos a temprana edad que permanecen enmascarados como una manera de proteger la integridad psicológica de la persona, pero que están ahí, señalando que hay que trabajar con ellos.

  Es importante tomar en cuenta que, por más desintegrativa que parezca ser una pesadilla, si la persona la recuerda es que ya está preparada para enfrentar el asunto inconcluso que la origina y salir de él más fortalecida y con mayores recursos para su presente.

e. **Repetitivos.** Los sueños repetitivos son los que se sueñan una y otra vez a lo largo de la vida o en una etapa en particular. No tienen que ser exactamente iguales para considerarse repetitivos. En muchas ocasiones lo que se repite constantemente es un símbolo (por ejemplo, "Volví a soñar al viejito ese que se me aparece en todos los sueños"; "El sueño era muy diferente, pero el árbol era el mismo que soñé el otro día", etc.). La función específica de los sueños repetitivos es llamar nuestra atención sobre algún tema o asunto inconcluso que necesita ser atendido. Aparece una y otra vez debido a que la resolución reviste gran importancia y será determinante en el desarrollo de la persona. El sueño repetitivo no se irá en tanto esa parte no sea atendida y puede volverse más intenso en algunas etapas de la vida en que la resolución es urgente.

Una vez recuperado el mensaje existencial del sueño, este desaparecerá debido a que ya cumplió con su misión.

f. **Cotidianos.** Los sueños cotidianos son historias –"novelas oníricas", les llamo yo–, que suelen ser largas, bien estructuradas y fáciles de recordar. Hay una secuencia lógica y pueden estar salpicados de símbolos "raros" que salen del contexto onírico, pero sin causar ansiedad (por ejemplo, "Iba yo caminando por la Plaza, disfrutando mi helado como todos los domingos cuando justo en medio había una rata bailando danzón"). En otras ocasiones, se presentan como sueños "hechos a la medida", de los cuales incluso despertamos y volvemos a dormir para terminarlos como queremos; son maleables y sencillos en su dinámica. Con frecuencia se generan para confirmarnos nuestro poder personal y permitirnos experimentar el control voluntario de algunas situaciones (por ejemplo, "Me voy a dormir de nuevo para ahora sí darle su merecido"). La sensación de este tipo de sueños al despertar es de completud y tranquilidad y pueden trabajarse, más que a nivel simbólico, a manera de reafirmar el autoapoyo que se vive en ellos.

Líneas de trabajo

El trabajo con los sueños puede tomar diferentes caminos y servir para diferentes propósitos; sin embargo, la meta final será siempre buscar la integración del ser humano por medio de la recuperación de la energía proyectada en ellos.

a. Relacional. El trabajo relacional se centra específicamente en las relaciones interpersonales; utiliza el trabajo con los símbolos como una manera de accesar al mundo intrapersonal para desde ahí hacer cambios en el mundo interpersonal. El trabajo relacional se centra en el cierre de asuntos inconclusos y por lo general concluye con el rescate de alternativas en el presente para manejar de una manera más útil una relación que se había convertido en figura por la influencia que tenía en el momento de vida del paciente. El perdón, el agradecimiento, el rescate de aprendizajes y las elecciones de los nuevos *cómo* de la relación son los objetivos básicos de esta línea de trabajo.

b. Existencial. Esta línea de trabajo se basa en particular en los símbolos, en el rescate de la energía proyectada en ellos con la finalidad de que el paciente resurja más completo del trabajo de sueños. Se busca la relación directa que tienen los símbolos con el ser y estar actual del soñante, para desde ahí rescatar el mensaje existencial e implementar los cambios y ajustes que sean necesarios para su momento de vida.

c. Integrativo. Esta línea de trabajo es la más completa pues incluye las dos líneas anteriores; es decir, existe una parte relacional que se trasciende en el esquema del trabajo psicoterapéutico para pasar a la parte existencial logrando así *bordar* un trabajo de sueños que integre cada una de las partes de la persona. Este tipo de trabajos, por su completud, son determinantes en el avance del proceso psicoterapéutico de la persona y lo impactan de forma profundamente significativa, pues una sesión de trabajo de sueños en esta línea, sin duda, dejará una sensación de completud, claridad y fortaleza interna que serán la base de muchos cambios en el ser del soñante.

Desde mi punto de vista, esta línea de trabajo es la meta de los trabajos gestálticos con sueños.

Partes del trabajo psicoterapéutico

El sueño se compone de diferentes partes y cada una tiene una particular importancia a la hora del trabajo psicoterapéutico.

Por tanto, a continuación revisaremos con cuidado cada una de ellas para determinar los puntos que hay que atender.

1. **Inicio.** El *inicio informal* es aquel en donde el paciente expresa su deseo de trabajar un sueño; desde ese momento la psique empieza a trabajar y una gran cantidad de energía empieza a movilizar-

se, aun antes del trabajo propiamente dicho. El paciente puede relatar de manera general su sueño, lo que servirá para identificar su tipo y, sobre todo, su matiz emocional. Observar el lenguaje corporal del paciente es básico para que el psicoterapeuta pueda seguirlo. Puede o no usar el lenguaje en primera persona. De hecho, yo sugiero que el relato inicial sea libre y que el paciente lo narre espontáneamente, ya que así podemos ver cómo van surgiendo partes en donde, de manera natural, el soñante utiliza el lenguaje en primera o en tercera persona, indicándonos con ello que hay cierta carga energética emocional en esa parte particular. El *inicio formal* se da una vez que el paciente empieza a narrar el sueño y el psicoterapeuta se encuentra preparado con una idea general de lo que acaba de escuchar. Es imprescindible el uso del lenguaje en primera persona, para promover la revivenciación y la apropiación, como veremos más adelante.

2. **Historia.** Este es el desarrollo del sueño propiamente dicho. Aquí se va tejiendo el trabajo, se realiza la elección de símbolos, se proponen experimentos y se atiende lo que surja.

   Es la parte en la que el psicoterapeuta gestalt deberá poner a prueba no sólo su intuición y sus conocimientos, sino su creatividad para experimentar junto con el paciente dentro del mundo que aparece ante ambos.

   El trabajo con la historia es el meollo del trabajo psicoterapéutico, pues se presentan también las resistencias que deberán atenderse para poder internarnos más en la profundidad de la psique del paciente. Todo un reto y, al mismo tiempo, una oportunidad maravillosa de comprobar la magia de la Gestalt.

3. **Resolución.** Esta es la parte final del trabajo de sueños, cuyo enfoque principal o meta es el cierre y el acomodo de todo lo que haya aparecido a lo largo del trabajo. Tanto el rescate de aprendizajes, como el rescate del mensaje existencial, forman parte vital de esta parte y es indispensable aterrizar en concretos y en el aquí y ahora lo que el paciente haya descubierto. Si bien en cualquier trabajo gestáltico el cierre forma parte indispensable del esquema

psicoterapéutico, en el trabajo de sueños cobra vital importancia, ya que todo lo que se ha trabajado ha surgido del inconciente y este ha confiado en nosotros para su acomodo.

Por ello, debemos estar seguros de que cuando el paciente regrese a su vida cotidiana después de haber vuelto a "soñar el sueño" despierto, lo haga con toda la recuperación posible de la energía proyectada en los símbolos y con la resignificación de su momento de vida.

Esquema del trabajo de sueños con Gestalt

I. **Narración inicial**

II. **Revivenciación**

    a. Presentización

    b. Apropiación

    c. Atención a la ambientación

III. **Trabajo con símbolos**

    a. Elección de símbolos

    b. Identificación de los elementos del sueño

    c. Encuentro con partes del sueño

    d. Modificación de partes

    e. Alianza terapéutica

Símbolos

    a. Integrativos

    b. Desintegrativos

    c. De conexión

    d. De ambientación

    e. Completos o incompletos

IV. Trabajo con lo que surge

a. Sueños repetitivos

b. Sueños inconclusos

V. Recepción del mensaje existencial

1. **Narración inicial.** Se pide al paciente que nos cuente el sueño evitando la presentización y poniendo atención a los matices emocionales y al tipo de símbolos presentes. Esto es sumamente útil para elaborar una estrategia de inicio que se irá ajustando a lo largo del trabajo.

2. **Revivenciación.** El trabajo del sueño inicia con la narración en presente y en primera persona con el objetivo de revivir el sueño y que el paciente entre a él para desde ahí poder explorar y recuperar las proyecciones manifestadas en los símbolos. La revivenciación es la base del trabajo de sueños, pues permite instaurar al soñante de manera conciente en el mundo inconciente en donde se gestó el sueño. Para lograr llevar a cabo una revivenciación lo más precisa y útil posible, es importante prestar atención a los tres aspectos siguientes.

   a. *Presentización.* Se refiere a la narración en presente y en primera persona de cada una de las partes de la trama del sueño. Es posible que haya momentos en el trabajo en que el paciente recurra al uso del lenguaje en tercera persona o en pasado y esto se considerará como una manifestación de las resistencias; es importante atravesarlas para poder rescatar lo que está presente en los símbolos, sin invadir o interrumpir el ritmo del paciente. La presentización puede tener algunas modificaciones sobre todo en el trabajo con pesadillas, en donde se podrá recurrir a estrategias de reforzamiento yoico para ayudar a la persona a que enfrente lo que su inconciente está trayendo a la conciencia.

   b. *Apropiación.* Este aspecto ayudará al desarrollo del trabajo pues, en la medida en que el soñante se apropie de su sueño, está ya recuperando la energía proyectada que nos será sumamente útil en el momento del trabajo con los símbolos y en el momento en que elijamos la línea de trabajo que vamos a seguir, misma que puede modificarse en cualquier momento, si el trabajo así lo requiere. La apropiación se refiere a que el paciente se identifique lo más completamente posible con el símbolo que se elija; con ese fin deberá invertir el tiempo que sea necesario para adoptar la postura física que le permita contactarse con el símbolo que se haya elegido. La apropiación es la base de la recuperación de la energía proyectada por lo que toma un matiz sumamente importante en el trabajo con sueños. Dar el tiempo necesario, permitir que el cuerpo encuentre la posición adecuada y seguir delicadamente cada mínimo signo de cambio es básico aquí. El paciente puede elegir trabajar con ojos abiertos o cerrados y he descubierto que en aquellos que inician trabajando con ojos abiertos hay una tendencia natural a cerrarlos al entrar de lleno en el sueño. El trabajo de apropiación profundo implica un trance hipnótico sin duda y podemos ver movimientos oculares rápidos, cambios en el ritmo del discurso y otros signos similares.

c. *Atención a la ambientación.* La ambientación que acompaña al sueño está cargada de energía; es la parte en donde se proyectan muchos huecos de la personalidad y los símbolos emergen, en ocasiones, de manera inesperada.

La ambientación nos da una idea del matiz del mundo interno del soñante en el momento en que aparece el sueño y le permite al psicoterapeuta vislumbrar áreas o aspectos que requieran atención.

El recurso de la modificación de la ambientación en alguna parte específica del desarrollo del trabajo del sueño permite al psicoterapeuta fortalecer el Yo del soñante y de este modo promover el autoapoyo durante el proceso de la recuperación de proyecciones y la integración. Este recurso usado de manera creativa y siguiendo las señales del paciente puede ser profundamente enriquecedor para el trabajo; sin embargo, utilizado sólo a gusto del psicoterapeuta será una seria interferencia.

3. **Trabajo con símbolos.** El trabajo con los símbolos es la parte mágica del trabajo con los sueños en Gestalt; es el momento en el que convergen el conciente y el inconciente en un lenguaje elaborado única y exclusivamente para el paciente.

Desde el enfoque Gestalt, la interpretación de símbolos se considera un error psicoterapéutico, pues nadie más que el paciente puede descifrar sus propios códigos internos. El psicoterapeuta Gestalt no interpreta, ayuda a rescatar el mensaje de cada uno de los símbolos que el mundo del soñante ha creado.

A lo largo de mis más de 25 años como psicoterapeuta Gestalt, he confirmado una y otra vez esta postura. Recuerdo una paciente que tenía un sueño repetitivo con una paloma blanca (símbolo internacional de paz) y despertaba con opresión de pecho y con niveles de ansiedad muy elevados. Obviamente, para ella este símbolo no le representaba paz, sino todo lo contrario, y con el trabajo de su sueño rescató el verdadero significado de su símbolo, diametralmente opuesto a la interpretación universal que pudiéramos pensar. Como este ejemplo, puedo enumerar una lista de símbolos que en los libros o manuales de *interpretación de sueños* pueden tener un significado por completo diferente al que tienen para el paciente. Jamás un símbolo significará lo mismo para dos personas y esto puede comprobarse una y otra vez en el trabajo de sueños con Gestalt. Cada sueño, cada símbolo, cada trama, es del todo diferente.

Recordemos que el soñante crea sus símbolos como una manera de expresión de su mundo interno. Es una realidad que los símbolos se encuentran influenciados por el entorno cultural del soñante; un mexicano soñará con la Virgen de Guadalupe, mientras que un hindú soñará con Shiva, y el significado que cada uno le dé a la representación de su divinidad será total y absolutamente individual.

a. *Tipos de símbolos.* Existen diferentes tipos de símbolos que nos permiten comprender más del mundo interno del soñante. Estos símbolos comparten características en cuanto a fuerza yoica y estructura interna, e identificarlos nos permite cuidar al paciente y guiar el trabajo hacia puerto seguro fortaleciendo e integrando al soñante. Los tipos son los siguientes:

1. Integrativos. Son símbolos que concentran gran parte de la energía yoica del soñante, en los que está depositada su fuerza y gran parte de sus recursos. Tienden a tener una estructura fuerte, sólida, vital, y juegan un papel de soporte en el sistema del sueño. Por ejemplo, una tabla que sostiene, un techo que protege, un talismán mágico o cualquier otro elemento cuya función sea proveer de poder al soñante. Es básico identificar estos símbolos, ya que serán la fuente de poder personal del paciente si en algún momento del trabajo se necesitara recurrir a ellos en una estrategia de fortalecimiento yoico para enfrentar algún descubrimiento doloroso o demasiado intenso. Usualmente son los símbolos con los que sugiero iniciar los trabajos, por ser los más seguros y confiables.

2. Desintegrativos. Por el contrario, estos símbolos son todos aquellos que indican una tendencia a la desintegración del paciente, por lo que deben identificarse y manejarse con sumo cuidado. La mayoría de las ocasiones no se promueve una revivenciación del símbolo en sí mismo, aunque sí puede trabajarse indirectamente para promover el fortalecimiento yoico y recuperar el poder personal que requiere la integración (por ejemplo, una madera que está carcomida por dentro, una casa con cimientos pudriéndose a punto de caer y cualquier otro elemento en proceso de desintegración, frágil y sin fuerza). Los símbolos desintegrativos aparecen con poca frecuencia y es importante no confundirlos con los símbolos incompletos que describo posteriormente.

3. De conexión. Estos símbolos sirven de transición de una parte del sueño a otra y usualmente son símbolos seguros que permiten un acercamiento gradual, ya sea a un trabajo de polaridades o de partes. Se presentan con mayor frecuencia en estados de *impasse* en los cuales la persona está en un

proceso de cambio importante, o bien, en el estado implosivo en donde se requiere recargar energía. Puede ser útil desarrollar una parte del trabajo desde este símbolo para promover la visualización de nuevas alternativas y la recuperación del potencial en ambas partes o polaridades, (por ejemplo, una puerta que al abrirse cambia el panorama completamente, un pasillo que lleva a otro lado, un túnel que conecta una cosa con otra aunque ambas partes parezcan no tener relación).

4. De ambientación. Estos símbolos acompañan y "adornan" al sueño. Al inicio pueden parecer completamente irrelevantes, pero en ocasiones pueden aportar material bastante significativo en el proceso si se exploran con detenimiento. Los símbolos de ambientación suelen ser útiles para realizar modificaciones de la escena y para traer recursos a la figura desde el fondo.

5. Completos. Aquí se incluyen todos los símbolos que están delineados con claridad y, bien sea de manera coherente o no, tengan todas sus partes. Cuanto más símbolos completos presente un paciente en su sueño, más fuerza tendrá su estructura yoica. Es indispensable comprender que esta clasificación describe a aquellos símbolos que se presentan tal y como son. Por ejemplo, un gran hoyo en el piso: de este símbolo se esperan determinadas características que lo describen y pueden sonar amenazantes, pero si están tal y como se espera que sean, por más amenazantes que parezcan, siguen perteneciendo a esta clasificación.

6. Incompletos. Son todos los símbolos que presentan una ausencia de algo que es mencionada por el paciente (por ejemplo, una mesa sin pata, un cuadro sin un lado, una persona sin un ojo). Estos símbolos tienden a representar partes alienadas de la personalidad y, en la medida en que sean mayoría en el sueño, nos estarán hablando de un estado de fragilidad yoica que es importante tomar en cuen-

ta. La diferencia principal entre los símbolos desintegrativos e incompletos, es que los primeros están matizados por una acción que los desvitaliza y amenaza su existencia; los símbolos incompletos no tienen este matiz, simplemente existe la ausencia de algo que es mencionado por el paciente (una silla de tres patas no es igual a una silla a la que le falta una pata; la primera es un símbolo completo mientras que la segunda es un símbolo incompleto). La clasificación la encontramos en la descripción del paciente a la hora de hablar del símbolo. Es común que estos símbolos se completen conforme la recuperación de proyecciones se vaya realizando; no es raro encontrar comentarios como: "La silla ya está completa, no sé quién la arregló pero ya tiene la pata que le faltaba". Recordemos que toda verbalización en este tipo de trabajo es a nivel simbólico.

b. *Elección de símbolos.* Esta es la parte más importante del trabajo de sueños, ya que de la elección se derivarán diferentes rutas y distintas estrategias psicoterapéuticas.

Sugiero empezar por identificar los símbolos que brindan fuerza yoica, detectar aquellos que puedan considerarse de riesgo –si es que los hay–, y comenzar a trabajar de manera gradual de lo suave a lo más profundo a medida que el paciente contacta consigo mismo.

Es importante comprender que cada símbolo representa una parte de la persona y por ello tiene energía yoica; aun los símbolos que pueden parecer aterradores, como una ola enorme que va a devorar la playa, pueden ser útiles.

Recuerdo la pesadilla de un alumno: él estaba en la playa y veía venir una ola enorme que lo iba a ahogar devorándolo junto con la playa; ese símbolo visto desde esa perspectiva era terriblemente amenazador, pero cuando dentro del trabajo del sueño él mismo se convirtió en la ola, pudo tocar todo su poderío y la vida que había dentro de él. No nos vayamos con la *finta*. Como psicoterapeutas tenemos que ver los símbolos desde todos sus componentes, sus alcances y sus posibilidades.

Jamás sabremos lo que un símbolo representa hasta que el mismo paciente lo encuentre. En Gestalt no hay interpretación, hay revivenciación y rescate de significados individuales porque somos seres únicos y, por lo tanto, nuestra producción onírica también lo es.

Pueden existir símbolos que sean amenazantes para nosotros, y necesitamos estar muy atentos para no poner en el trabajo nuestras propias proyecciones en el momento de elegir o no elegir los símbolos, de ahí la enorme importancia del trabajo personal y de una formación sólida es este tipo de trabajo. No podemos autonombrarnos psicoterapeutas de sueños, si no hemos tenido una formación, un proceso y una supervisión en esta área de la psicoterapia.

c. *Identificación con los elementos del sueño.* La identificación se promoverá desde la apropiación basada en la vivencia corporal, con el fin de que la recuperación energética sea más completa y se evite la "teatralización" y la "actuación" histriónica de los símbolos. Yo difiero de esa propuesta, aunque reconozco que, pese a lo divertido que pueda parecer, existe la posibilidad de recuperar lo proyectado; sin embargo, jamás será igual a un trabajo profundo de apropiación. Cuanto más tiempo se le dedique a la apropiación, mayor será la recuperación de la energía proyectada. Una vez que el símbolo se ha vivido con toda su intensidad, se le pedirá al paciente que cambie y se identifique con otro elemento del sueño para continuar con el diálogo desde ahí e ir tejiendo la interrelación simbólica. No se necesita trabajar con todos los símbolos; yo sugiero que cuanto menos cambios se hagan es mejor, debido a que el paciente tiene el tiempo suficiente para profundizar en la apropiación y desde ahí guiarnos sobre el siguiente símbolo a trabajar.

d. *Modificación de partes.* La modificación de partes se presenta de dos maneras:

   1. Espontánea. Esta modificación surge como resultado de la recuperación de la energía proyectada en los elementos que

se han ido trabajando y suele presentarse de manera natural (por ejemplo, la escena que antes estaba oscura ahora se ve con luz; la casa que no tenía techo de repente se ha reconstruido, entre otros).

2. Promovida. Este es un recurso psicoterapéutico para la reconstrucción del paciente. Se le puede pedir que modifique algo en el sueño como parte de la estrategia de trabajo, sabiendo que en este mundo simbólico cualquier modificación a favor del autoapoyo y de la reestructuración se lleva a cabo al mismo tiempo en el mundo interno del soñante. Es importante verificar si lo que proponemos como psicoterapeutas tiene resonancia interna en el paciente, si le hace sentido y, cuando no es así, desechar la propuesta y confiar en la maravillosa intuición y sabiduría del ser que tenemos frente a nosotros. Él siempre sabrá más de sí mismo que nosotros.

e. *Alianza terapéutica con partes sanas.* Siempre basaremos el trabajo de sueños en aquellas partes en donde se encuentra la fuerza yoica, para desde ahí fortalecer, nutrir y enriquecer aquellas partes que necesitan atención. Nuestra alianza como gestaltistas y humanistas siempre será con la parte sana que promueva la recuperación del potencial humano bajo cualquier tipo de trabajo. Hay una diferencia entre alianza terapéutica y profundidad relacional; en este trabajo la alianza terapéutica que establecemos con las partes sanas y con mayor recursos de nuestro paciente va enmarcada dentro de la profundidad relacional del trabajo.

1. **Trabajo con lo que surge.** Conforme se teja el trabajo de sueños, surgirán diferentes temas que conformarán el proceso. Con frecuencia surge más de uno debido a que el trabajo simbólico funciona de forma infinitamente más profunda y rápida que cualquier proceso dialogal cognitivo.

En un mismo trabajo pueden trabajarse polaridades, partes, asuntos inconclusos, etc. Y es verdaderamente sorprendente el nivel de recuperación del potencial personal que alcanza el soñante con este tipo de trabajo. Seguir de una manera delicada y profundamente presente cada una de las indicaciones del rostro, la respiración, los sonidos, las palabras y todo lo que ocurre al mismo tiempo es estar al pendiente para recibir lo que surja en el momento que emerge. "Algo cambió, ¿qué fue?", suelo preguntar ante estos mínimos indicativos, para después maravillarme, en algunas ocasiones, con las respuestas que emergen a estos cuestionamientos.

2. **Recepción del mensaje existencial.** Cada sueño que elabora nuestro inconciente, aun aquellos que pueden parecer los más insignificantes, contienen un mensaje para nuestra existencia. Si bien este mensaje se rescata a lo largo del trabajo, considero de vital importancia resumirlo en una frase invitando al soñante a responder a la pregunta: "Si este sueño tuviera un mensaje para ti, ¿cuál sería?". La finalidad de hacer esto es resignificar de manera cognitiva lo que ya se recuperó a nivel simbólico y cerrar la Gestalt del proceso completándola de esta manera.

He visto con mucha frecuencia que este tipo de resignificación al final de la sesión ayuda a asentar el movimiento generado durante el trabajo y resume los darse cuenta muy concretamente. También somos mente y al incluirla para trabajar a favor de nuestra integración estamos completando la maravillosa totalidad que somos, en un aquí y ahora resultante de nuestro pasado relevante.

Cuidados en el trabajo de sueños

Conocimiento, experiencia y energía son los requerimientos básicos para lograr desarrollar un trabajo de sueños completo y compacto. Por consiguiente, es imperativo que un psicoterapeuta que pretenda trabajar los sueños desde este enfoque no sólo tenga el conocimiento y la energía, sino también la experiencia, misma que se desarrollará con la práctica. En este sentido, sugiero evitar en los psicoterapeutas novatos el trabajo con pesadillas hasta que puedan manejar fluidamente el esquema en aquellos sueños que no representan amenaza para el paciente.

Siempre tenemos la posibilidad de trabajar las pesadillas de manera periférica y dialogal, una que permita al soñante encontrar mensajes sin identificarlo directamente con los símbolos. Este es un camino más seguro para realizar la exploración y acompañar al otro en su trabajo.

Otro punto que sugiero tomar en cuenta es la energía con la que cuente el psicoterapeuta a la hora de pensar en realizar un trabajo de sueños desde esta propuesta, debido a que este tipo de trabajo requiere un esfuerzo extra a nivel cognitivo y también emocional.

Existen diferentes propuestas del trabajo de sueños y algunas de ellas son más a nivel teatral y psicodrámatico en las que el psicoterapeuta funciona como director y ese tipo de propuestas son diferentes. Mi propuesta es otra, y con esto no quiero decir que sea mejor, simplemente es diferente.

CAPÍTULO 5

SUPERVISIÓN DE CASOS CLÍNICOS

———————◇———————

La supervisión de casos clínicos es una herramienta esencial para el buen desempeño del trabajo psicoterapéutico. Contar con un grupo de supervisión nos permite ampliar horizontes, salir de nuestro egocentrismo profesional y continuar creciendo como personas y como psicoterapeutas.

———————◇———————

En el esquema que propongo a continuación, el actor principal de la supervisión es el paciente y todo el equipo pondrá a su servicio las diferentes alternativas psicoterapéuticas para su beneficio. El supervisado pasa a un segundo plano y no se juzga su desempeño, sino se busca aportar opciones nuevas que puedan traer "aire fresco" al proceso psicoterapéutico.

———————◇———————

El cuidadoso trabajo que realiza el supervisor guía para salvaguardar el esfuerzo de cada participante es una inversión en la solidez y la consistencia del grupo. Permite crear un ambiente nutricio de colaboración en lugar de un ambiente tóxico de competitividad y crítica.

Nadie crece cuando es criticado, únicamente se defiende de las maneras que conozca.

Los resultados que he visto con este modelo no sólo han permitido vislumbrar nuevas alternativas, sino que la autoestima y la seguridad de los psicoterapeutas novatos se ven notoriamente incrementadas con la consecuente disminución de la ansiedad propia de la evaluación.

El psicoterapeuta requiere tener una formación clínica que le permita establecer un parámetro de tratamiento psicológico que realmente beneficie al paciente, más allá de hacerlo sentir bien.

La buena voluntad no es suficiente cuando de la salud mental se trata. Terapeuta puede ser cualquiera, psicoterapeuta exclusivamente un psicólogo.

Nuestro trabajo es ser guía en un mundo ajeno y para ello únicamente tenemos dos herramientas: la objetividad y el respeto total y absoluto al ser y al hacer del otro; cosas de las que el otro carece cuando busca nuestro acompañamiento.

SUPERVISIÓN DE CASOS CLÍNICOS

La supervisión de casos clínicos es una herramienta esencial para el buen desempeño del trabajo psicoterapéutico. Contar con un grupo de supervisión nos permite ampliar horizontes, salir de nuestro egocentrismo profesional y continuar creciendo como personas y como psicoterapeutas.

Uno de los problemas que he percibido en los esquemas de supervisión, es precisamente que no hay un esquema sencillo y con límites claros para promover una supervisión nutricia y útil, y, al mismo tiempo, cuidar la persona del supervisado.

Son muchos los casos en los que supervisar es sinónimo de atacar y devaluar el trabajo del otro, en un intento de decir todo lo que está mal o *debió* haberse hecho. Esto genera en el supervisado una actitud de defensa y de contraataque que impide un enriquecimiento a favor del paciente.

En el esquema que propongo a continuación, el actor principal de la supervisión es el paciente y todo el equipo pondrá a su servicio las diferentes alternativas psicoterapéuticas para su beneficio. El supervisado pasa a un segundo plano y no se juzga su desempeño, sino se busca aportar opciones nuevas que puedan traer "aire fresco" al proceso psicoterapéutico.

Esquema de supervisión de casos clínicos

Desde el esquema que propongo se cumplen tres funciones:

1. La supervisión gira alrededor del paciente, no del psicoterapeuta. Por lo tanto, la persona del psicoterapeuta no se cuestiona ni se critica; el enfoque es, más bien, buscar estrategias que ayuden al

paciente en su proceso. Se eliminan los *"yo hubiera"* y se cambian por "las áreas de oportunidad que percibo son", lo que abre la puerta a la recepción de propuestas nuevas sin sentir amenaza alguna. La ausencia de amenaza hace ya el proceso nutricio en sí mismo.

2. El psicoterapeuta expone concretamente sus necesidades reales, lo que le permite encontrar las respuestas que busca, en lugar de complicarse con situaciones proyectivas de otro colega que, en su intento de *ayudar*, abra más preguntas que otorgar respuestas.

3. El tiempo de la supervisión se acorta y es fácilmente controlable por el supervisor guía.

Cuadro 5.1 Esquema de supervisión de casos clínicos

Supervisado	Supervisor guía	Grupo de supervisores
1. Presentación del paciente	Explora	Recibe información
2. Preguntas de ubicación	Modera	Explora
3. Exposición de estrategias	Explora	Recibe información
4. Peticiones concretas	Focaliza	Escucha y recibe
5. Aportaciones grupales	Modera	Aporta
6. Cierre	Comparte resumen y cierra	

Etapas de la supervisión de casos clínicos

1. **Presentación del paciente:** En esta etapa inicial el supervisado presenta a su paciente ante el grupo; ya sea con una presentación

en diapositivas o bien con una historia clínica compartida con sus supervisores. El objetivo es dar la mayor información posible para que tanto el supervisor guía como el grupo de supervisores tengan una idea clara de quién es el paciente, de dónde viene, cuál es el motivo de consulta y todo lo relacionado con su historia y momento de vida.

Aquí es exclusivamente el supervisor guía quien hace las preguntas que considere necesarias, mientras el grupo escucha, toma apuntes e identifica las áreas en donde quiera explorar.

2. **Preguntas de ubicación:** En esta etapa, la intervención del supervisor guía se centrará en cuidar que las preguntas que haga el grupo permitan ahondar en la presentación del paciente al grupo, no en cuestionar el hacer del psicoterapeuta. El objetivo de esta etapa consiste en completar la presentación del paciente para poder llegar a conocer mejor el caso con detalles que hubieran podido escapar en la presentación inicial.

3. **Exposición de estrategias:** En esta parte del proceso, el psicoterapeuta presenta de manera detallada las intervenciones, estrategias, técnicas y recursos que ha usado en su trabajo con el paciente, haciendo una descripción detallada de los resultados y logros que ha obtenido, así como los obstáculos que ha encontrado. Por su parte, el supervisor guía hace preguntas e investiga a mayor profundidad los detalles que considere necesarios para una mayor comprensión del proceso.

El grupo recibe información, toma anotaciones y empieza a implementar posibles aportaciones.

4. **Peticiones concretas:** En este punto el psicoterapeuta realiza peticiones concretas de apoyo al grupo. Expresa con la mayor claridad posible, ayudado por el supervisor guía, aquellos puntos en los que necesite alternativas, apoyo y sugerencias. El grupo recibe y estructura sus aportaciones con base sólo en lo que el psicoterapeuta solicita.

5. **Aportaciones grupales:** Cada uno de los participantes del grupo comparten sus alternativas y sugerencias siguiendo exclusivamen-

te lo que el psicoterapeuta solicita. El supervisor guía se encargará de focalizar las aportaciones para que se mantengan estrictamente sobre la línea de necesidad del supervisado.

Es importante evitar términos como "yo haría" o "yo hubiera", y cambiarlas por "El área de oportunidad que percibo es…". Esto con la finalidad de evitar juicios de valor sobre el trabajo del colega supervisado y centrarse en áreas de oportunidad, lo que permite un intercambio enriquecedor y nutricio y deja de lado la posibilidad de competencia o lucimiento de egos. El trabajo se enfoca sobre la necesidad del paciente y el cómo pueden encontrarse estrategias que ayuden a que el proceso fluya de una manera más efectiva.

El supervisor guía toma nota de cada aportación de los miembros del grupo, a la vez que guía la retroalimentación como ya se describió en estapas anteriores.

6. **Cierre:** Esta parte es el corolario de la sesión de supervisión, pues es aquí donde el supervisor guía condensa las aportaciones dadas por el grupo, a manera de resumen para asegurarse de que el psicoterapeuta supervisado reciba cada una. Verifica cómo se encuentra, si necesita algo más y cierra centrándose en lo valioso de cada una de las aportaciones, mencionando a cada uno de los psicoterapeutas miembros del grupo y valorando las áreas positivas y las fortalezas del colega supervisado. Se asegura de que cada participante se sienta tomado en cuenta en sus aportaciones, libres de cualquier evaluación externa y en un ambiente seguro que les permita trabajar a favor de los pacientes y no a favor de ellos mismos. Esto convierte a la sesión de supervisión en una experiencia nutricia en todos los sentidos y el clima de grupo de apoyo se incrementa con cada sesión.

Como se observa en el esquema anterior, el cuidadoso trabajo que realiza el supervisor guía para salvaguardar el esfuerzo de cada participante es una inversión en la solidez y la consistencia del grupo. Permite crear un ambiente nutricio de colaboración en lugar de un ambiente tóxico de competitividad y crítica.

Nadie crece cuando es criticado, únicamente se defiende de las maneras que conozca y cuando una supervisión se desarrolla bajo un esquema de crítica, la energía que debería estar enfocada en encontrar alternativas para el paciente se gasta en atacar lo que se ha hecho o no y en fantasear lo que los *demás hubieran* hecho; esto dista mucho de ser un enfoque que promueva la creatividad y la expansión de la conciencia.

Durante muchos años he visto y participado en diferentes grupos de supervisión con diferentes modelos, unos más agresivos que otros; el modelo que presento es producto de mi propia búsqueda para atender la necesidad de una supervisión verdaderamente humanista sin exposición del supervisado sino centrada exclusivamente en el paciente y en las necesidades que su proceso presenta.

Los resultados que he visto con este modelo no sólo han permitido vislumbrar nuevas alternativas, sino que la autoestima y la seguridad de los psicoterapeutas novatos se ve notoriamente incrementada con la consecuente disminución de la ansiedad propia de la evaluación.

Aunque existen muchos modelos de supervisión de casos clínicos, uno que desde mi punto de vista aporta mucho a la supervisión gestáltica es el siguiente:

Modelo de análisis de incongruencias

K. Grawe (2002) define cuatro necesidades en los seres humanos que llevadas al ámbito de la supervisión son:

a. El trabajo psicoterapéutico. Este ámbito incluye todo lo que tiene que ver con el desempeño de la sesión psicoterapéutica: técnicas, estrategias, focalización, resolución de figuras, entre otros.

b. La relación psicoterapéutica. Permite analizar el intercambio que se establece entre paciente-cliente y psicoterapeuta. El encuadre de la relación, el estilo del encuentro y todas aquellas aristas que matizan la relación.

c. Las capacidades personales para manejar el caso. Se refiere en específico a cada uno de los recursos con que el psicoterapeuta cuenta en el momento de enfrentar un caso. Algunos casos nos confrontan más que otros con nuestras propias áreas de conflicto y su función es confirmar la importancia de que como psicoterapeutas nos mantengamos en constante actualización personal.

d. El disfrute de su trabajo. A mayor disfrute, mayor creatividad debido a que la energía fluye con naturalidad y el sentido del esfuerzo cobra un significado de trascendencia que reanima al psicoterapeuta a seguir haciendo lo que hace como mejor puede. Cuando se pierde el disfrute del trabajo, es una señal de que es necesario revisar y atender algo. El ser psicoterapeuta Gestalt es una misión de amor que no puede llevarse a cabo desde la obligatoriedad porque es ir contra sí mismo y por lo tanto un antagonismo de lo que implica ser gestaltista.

Este modelo permite detectar la congruencia que existe entre el estar y el hacer del psicoterapeuta, lo que ayuda a encontrar los orígenes de las dificultades para vislumbrar diferentes estrategias en el proceso. Es un modelo que suele tener mayor aplicación en supervisiones individuales debido a la profundidad de la revisión que plantea y en ocasiones permite abrir alternativas de trabajo personal para el psicoterapeuta supervisado, lo que se traduce en un crecimiento personal y profesional.

Guía clínica en psicoterapia Gestalt

El primer paso para llevar a cabo un tratamiento psicoterapéutico exitoso es fijar los objetivos con claridad y precisión.

Si bien como gestaltistas estamos focalizados en el aquí y el ahora, es una realidad que, si pretendemos hacer una verdadera psicoterapia y no sólo un acompañamiento amable, cálido y respetuoso, necesitamos establecer estrategias de intervención con una visión clínica.

El psicoterapeuta requiere tener una formación clínica que le permita establecer un parámetro de tratamiento psicológico que realmente beneficie al paciente, más allá de hacerlo sentir bien. En ocasiones requerimos practicar verdaderas "cirugías del alma" para poder promover el autoapoyo del paciente y esto no es posible, si no se tiene una visión integral clínica de lo que hacemos. De ahí que mi propuesta formativa considera que los psicólogos son los únicos que cumplen con los requisitos suficientes, obtenidos a lo largo de más de cuatro años de estudio, mismos que no pueden sustituirse por ningún curso propedéutico, para adentrarse en la psique del consultante. La buena voluntad no es suficiente cuando de la salud mental se trata. Terapeuta puede ser cualquiera, psicoterapeuta exclusivamente un psicólogo. Utilizar ambas palabras como sinónimos, cuando no lo son, es lo que ha abierto la puerta para lucrar con una formación que debiera considerarse sagrada por ser la única que trabaja justo con la parte más sagrada de la persona: su mundo interior.

La evaluación de la intervención nos permitirá comprender el curso del tratamiento e ir realizando los ajustes correspondientes, que se determinarán en un "Haz-Siendo" psicoterapéutico dentro del campo de la relación. A fin de cuentas, trabajamos dentro del mundo del otro y es exclusivamente él quien sabe (desde la sabiduría radicada en la intuición) hacia dónde necesita ir para completarse. Esto no quiere decir que él sea quien determine el cómo, el cuándo y el para qué del proceso, porque, de ser así... ¿para qué necesitaría un psicoterapeuta? Nuestro trabajo es ser guía en un mundo ajeno y para ello únicamente tenemos dos herramientas: la objetividad y el respeto total y absoluto al ser y al hacer del otro; cosas de las que el otro carece cuando busca nuestro acompañamiento.

Imaginemos a un paciente frente a un médico; el paciente tiene dolor de estómago y fiebre; sabe lo que le duele, está consciente del malestar que esto le ocasiona en ese momento de su vida, sabe que ya no quiere seguir así y que desea sentirse bien lo antes posible. Ya intentó remedios caseros, siguió consejos, pero, aunque los síntomas aminoraron temporalmente, no se fueron. Eso lo lleva a buscar a un profesional que mediante técnicas y estrategias que el paciente desconoce pueda devolverle la salud perdida.

Es deber del médico preparar una historia clínica completa, saber a quién tiene enfrente y recurrir a todos sus conocimientos antes de recetar medicamentos o sugerir una cirugía. Existen médicos que se enfocan en atender síntomas y buscan el bienestar inmediato del paciente con analgésicos u otro tipo de medicamentos, que, lejos de sanar, generan síntomas secundarios. De la misma manera existen terapeutas que buscan que el paciente se sienta bien, se vaya contento y agradecido. Los psicoterapeutas buscamos que el otro salga de la sesión con una ampliación de conciencia que mejore su presente.

El paciente confía y desde ahí, mientras la confianza dure, hará lo que el médico le diga en busca de esa salud perdida.

No hay diferencia alguna con el psicoterapeuta; al fin y al cabo, nuestra misión es buscar la causa origen de esos síntomas y para ello requerimos herramientas diagnósticas y una guía clínica. Si bien esta puede parecer a algunos cognitivo-conductual, me permito recordarles que los seres humanos también somos eso y que como psicoterapeutas necesitamos todos nuestros recursos y la aplicación de todo nuestro universo profesional y personal, si pretendemos trabajar en el campo de la salud mental.

Ser gestaltistas no significa ser "ciegos cognitivos", significa ver al ser humano en su totalidad, desde nuestra totalidad profesional y humana; no únicamente desde nuestra voluntad compasiva de ayudar a otro ser humano.

Ayudar desde el corazón es una vocación de vida, saber cómo ayudar es el compromiso profesional que adquirimos al graduarnos como psicoterapeutas y dura mientras veamos pacientes o seamos docentes que transmiten este mensaje a las futuras generaciones.

Me parece muy importante enseñar a las nuevas generaciones el valor de una guía clínica dinámica, flexible, humanista, centrada en el aquí y ahora, que valore y tome en cuenta el pasado relevante y, que permita el establecimiento de estrategias de trabajo psicoterapéutico.

El uso de una guía clínica permite establecer un orden que ayude a seguir el proceso psicoterapéutico para poder hacer los ajustes correspondientes a medida que se avanza. Dentro del enfoque Gestalt es particularmente importante poder desarrollar una estructura que, si bien facilite el flujo de la experiencia, integre también una estructura clínica que dé soporte al proceso psicoterapéutico.

Estoy consciente de que este capítulo en particular puede despertar discrepancias con aquellos colegas que ven en la Gestalt un "hacer-día con día" y seguramente no son psicólogos; sin embargo, quienes compartan una visión clínica del proceso psicoterapéutico gestáltico podrán encontrar utilidad en esta propuesta. En cualquiera de los casos, ambas visiones y opiniones son igualmente válidas y si algunos términos quizá parezcan "poco gestálticos" a algunos, un término es, al fin y al cabo, un término, lo importante es poder transmitir la idea de la importancia de un lineamiento en el proceso psicoterapéutico gestáltico, con todo y su maravilloso aquí y ahora.

La guía clínica que propongo consta de tres aspectos fundamentales: la evaluación del caso y del tratamiento a seguir; los objetivos y la estrategia psicoterapéutica, así como el plan de seguimiento.

Evaluación del caso y del tratamiento

La evaluación previa a la intervención es necesaria porque plantea una serie de decisiones cuyo objetivo es ante todo el bienestar del paciente. No todas las personas son candidatas a la psicoterapia Gestalt y se sugiere el trabajo con un equipo multidisciplinario que nos permita apoyar nuestro trabajo con otros colegas diferenciando muy bien el área de intervención de cada uno; el trabajo colaborativo entre profesionales en aras del bien del paciente es la mejor muestra de ética y apertura que cualquier practicante de la salud puede tener.

El apoyo de un médico que nos permita diferenciar qué es físico y qué es psicológico, el trabajo con un psiquiatra en caso de que se requiera apoyo farmacológico y, en general, la evaluación integral del paciente, nos aseguran un trabajo psicoterapéutico de calidad y una esfera de mayor seguridad para el paciente.

Considero de vital importancia profesionalizar el hacer de los psicoterapeutas Gestalt, de manera que su participación en el proceso de sanación de un paciente sea tomada en cuenta y valorada con toda la seriedad que presenta. Para ello, se requiere aprender a elaborar informes completos desde el enfoque clínico.

En este punto corresponde revisar las descripciones directas del comportamiento de la persona, los resultados de cuestionarios, observaciones y tests realizados y comprobar la consistencia. Asimismo, requerir, si fuera necesario, otras pruebas confirmatorias; organizar el informe de acuerdo con los criterios diagnósticos, y buscar supervisión de requerirse. Por ello es importante que los psicoterapeutas sean psicólogos. Si tú has llegado hasta acá y no lo eres, te sugiero que en tu equipo multidisciplinario incluyas a alguno que pueda enriquecerte con sus aportaciones y su visión clínica si fuera necesario.

Existen casos que requieren un tratamiento multidisciplinario y darle seguimiento al proceso completo forma parte de la ampliación de conciencia del paciente.

El tratamiento: objetivos y procedimientos

El tratamiento es el conjunto de estrategias que el psicoterapeuta diseña para alcanzar los objetivos planteados. La intervención clínica ética y exitosa tiene que especificar con la mayor claridad posible cuáles son dichos objetivos y con qué procedimientos se intentará alcanzarlos. Considero útil invertir tiempo en explicarle al paciente lo que es la Gestalt, cómo trabaja y qué puede esperar de las sesiones con nosotros; puede sonar sencillo pues todos alguna vez hemos escuchado de la importancia del encuadre, pero yo misma me he sorprendido de cuántos colegas no invierten el tiempo suficiente en sentar las bases del esquema que seguirán en sus sesiones.

La planificación y evaluación del tratamiento es básica para poder redefinirlo y modificarlo en función de su desarrollo y el logro de los objetivos. Hay casos con objetivos muy claros y definidos (por ejemplo, superar un divorcio) y hay otros que involucran todo el universo del consultante (por ejemplo, "no sé qué hacer con mi vida, ni por dónde empezar"). La realidad es que cada caso es maravillosamente único y, si bien es importante dar un lineamiento a seguir, no podemos hablar de un tiempo específico. En lo personal, me funcionan de cuatro a seis sesiones semanales iniciales y otro número similar cada dos semanas. He tenido casos de muy pocas sesiones y otros que se han prolongado un poco más. Considero que cuanto más rápido salga un paciente del lugar que lo llevó a consulta, mejor estoy haciendo mi trabajo.

Si la persona es capaz de evaluar por sí misma el riesgo, y decidir las alternativas adecuadas para afrontar el problema de acuerdo con la magnitud del mismo y sus propias habilidades, sugiero espaciar progresivamente las sesiones para así observar los ensayos y respuestas del paciente a lo largo de un periodo mayor y para empezar a trabajar en la finalización del proceso. Es útil fijar con claridad los criterios de finalización del proceso psicoterapéutico para ambas partes.

El plan de seguimiento

Los objetivos de un plan de seguimiento son los siguientes:
a. Controlar posibles recaídas
b. Observar las nuevas formas de resolución del paciente
c. Reforzar el autoapoyo y favorecer el fortalecimiento de las nuevas competencias
d. Establecer el número de sesiones de seguimiento (se sugieren cuatro sesiones en los siguientes seis meses)

El plan de seguimiento se establece una vez que tanto el paciente como el psicoterapeuta reconozcan haber alcanzado las metas y objetivos establecidos al inicio del proceso.

Yo dejo abierta la puerta para lo que llamo "sesiones de empuje de carreta" en aquellos pacientes que ya han llevado un proceso previo conmigo; estas son sesiones de apoyo o apuntalamiento en momentos de vidas particularmente complicados basadas en el conocimiento y en los recursos que el paciente desarrolló en su proceso anterior. Me he encontrado con pacientes que 15 años después me buscan de nuevo para acompañarlos en otro momento de vida y, una vez resuelto el problema, vuelven a su camino.

Saber que el espacio psicoterapéutico siempre es un oasis al que pueden volver cada vez que lo necesiten fomenta, paradójicamente, el desapego y la autonomía.

Consideraciones finales

Hacer psicoterapia es, sin duda, un arte, y la psicoterapia Gestalt real únicamente se hace desde el alma misma del psicoterapeuta porque este acompaña con todo su ser (emocional, cognitivo, espiritual y físico) al caminante que tiene frente a él.

Por ello, la psicoterapia, más allá de una práctica clínica, es una misión de vida que requiere un profesionalismo y una impecabilidad personales si se es consciente de que el ser humano frente a nosotros no merece ser *conejillo de indias*, ni que a través de él o ella se aprenda sobre ensayo-error.

En el ejercicio de la psicoterapia no es válido el ensayo y error, y este sólo puede evitarse mediante el compromiso con el proceso personal, el ejercicio de la ética y una supervisión constante.

Debido a lo anterior, un psicoterapeuta requiere prepararse a profundidad, con bases sólidas de psicología clínica que lo capaciten para enfrentar la enorme diversidad de laberintos psicológicos que un ser humano puede albergar. Confío en que algún día pueda haber una regulación en nuestro país que permita que cualquiera que ostente el título de psicoterapeuta también pueda tener una formación clínica sólida para beneficio de los pacientes.

Hoy por hoy, y a lo largo de todos estos años de caminar en las profundidades del alma humana, puedo confirmar lo afortunada que soy de que mi misión de vida, mi trabajo y mi pasión sean lo mismo, para seguir Siendo y Haciendo Gestalt.

CAPÍTULO 6

TRANSCRIPCIÓN
DE TRABAJOS DE SUEÑOS

———————————◇———————————

Los psicoterapeutas buscamos que el otro salga de la sesión con una ampliación de conciencia que mejore su presente.

———————————◇———————————

Ser gestaltistas no significa ser "ciegos cognitivos", significa ver al ser humano en su totalidad, desde nuestra totalidad profesional y humana; no únicamente desde nuestra voluntad compasiva de ayudar a otro ser humano.

———————————◇———————————

Ayudar desde el corazón es una vocación de vida, saber cómo ayudar es el compromiso profesional que adquirimos al graduarnos como psicoterapeutas.

———————————— ·◇· ————————————

No todas las personas son candidatas a la psicoterapia Gestalt y se sugiere el trabajo con un equipo multidisciplinario que nos permita apoyar nuestro trabajo con otros colegas diferenciando muy bien el área de intervención de cada uno; el trabajo colaborativo entre profesionales en aras del bien del paciente es la mejor muestra de ética y apertura que cualquier practicante de la salud puede tener.

———————————— ·◇· ————————————

En el ejercicio de la psicoterapia no es válido el ensayo y error, y este sólo puede evitarse mediante el compromiso con el proceso personal, el ejercicio de la ética y una supervisión constante.

———————————— ·◇· ————————————

Hoy por hoy, y a lo largo de todos estos años de caminar en las profundidades del alma humana, puedo confirmar lo afortunada que soy de que mi misión de vida, mi trabajo y mi pasión sean lo mismo, para seguir Siendo y Haciendo Gestalt.

TRANSCRIPCIÓN DE TRABAJOS DE SUEÑOS

TRABAJO I

PO: Pilar Ocampo
P: Paciente

AMBIENTE EN GENERAL: AMBAS SENTADAS EN ALFOMBRA

PO: Muy bien, hace como un año que tienes este sueño y en este año ¿más o menos como cuántas veces se repite?

P: Como cinco veces (afirmando con la cabeza).

PO: ¿Y tú has verificado si se repite en alguna situación específica?

P: A ver… (suspira y agacha la cabeza dirigiendo la mirada hacia el piso). ¿En relación con el día, cómo estuvo y qué sueño?

PO: Ajá, si encuentras..

P: (Interrumpe) Una relación (carraspea, hace una pausa larga)… Estoy checando (carraspea).

PO: Tómate tu tiempo…

P: Bueno, sí lo relaciono con algo (levanta la cabeza mirando a PO); a partir del tiempo que empiezo a venir… aquí a gestalt, y tengo más inquietudes, quizás haya alguna relación con esto.

PO: Como que se ha repetido ¿no?

P: Como que se ha repetido más (afirmando), sí, eso sí, indiscutiblemente.

PO: Muy bien, te pido que me narres tu sueño, cuéntame tu sueño.

P: Bueno… (carraspea).

PO: Lo más detalladito posible, vémelo contando.

P: El último, que es el que tengo más fresco.

PO: Sí, sí.

P: Bueno…

PO: O sea, se repite pero no...

P: Con las mismas historias.

PO: Es decir, lo que se repite es la desnudez.

P: ¡Esa!, ese es el… la pauta, la desnudez.

PO: OK, entonces, cuéntame tu último sueño.

P: En este último… yo me veo… (se acomoda en el cojín y comienza a hablar rápidamente y con voz fuerte) que estoy trabajando en una oficina, esta oficina está un poco sola.

PO: ¿La conoces?

P: No, nunca la había visto. A las personas con las que estoy tampoco las conozco, pero eee… estoy trabajando. De repente me veo, nadie me dice nada, pero de repente me veo… y veo… que me hace falta mi ropa, entonces sí lo comparto con la otra persona que está conmigo.

PO: ¿Toda tu ropa?

P: Sí, toda, totalmente desnuda, no tengo nada.

PO: Ni zapatos.

P: Eso no lo revisé. Pero sí, no tengo nada de ropa interior y en ese momento me cubro (cruzando los brazos se abraza el pecho) y ella me dice: Estás desnuda; contesto ¡Pero si estoy desnuda!, y me da pena que me vean y ahí empieza mi angustia.

PO: Ahí te diste cuenta.

P: Sí, estoy desnuda y me apena que me vean, pero tengo que salir. Dije: tengo que salir de la oficina y todo lo quiero es huir de esa desnudez, o sea, me da tanta… tanta pena, no miedo, tengo vergüenza porque no tengo mi ropa y a ella la veo vestida (descruza los brazos). ¡Y la observo! —eso me llama mucha la atención—, la observo y ella tiene ropa ¿y yo por qué no tengo ropa? Entonces me cubro, trato de cubrirme toda, y le digo: No puedo más, ¿sabes qué? Me voy, entonces empiezo aah, salgo de ese lugar y no veo más gente.

PO: ¿Hay alguien más en la oficina aparte de tu compañera?

P: No, sólo está ella conmigo, sí, pero vestida. Entonces, salgo, me empiezo a ver que camino, pero camino con angustia (empieza a respirar entrecortado y se toca el pecho), siento que hasta me falta el aire y empiezo a cubrirme, pero mis pasos se hacen más rápidos; o sea, primero voy despacio y veo un camino hasta como desolado, y eso me da también más angustia, creo que porque pienso que algo me va a pasar, y me empiezo a cubrir y a caminar, a caminar.

PO: ¿Hacia dónde vas?

P: No tengo… Supongo que debo ir a mi casa, no sé, pero no lo tengo detectado. Veo que empiezo a caminar y que el camino también es angosto. Otra cosa que recuerdo, el camino es angosto y solitario y yo sigo sigo con, caminando con mi desnudez, y hasta ahí, se terminó porque me desperté.

PO: ¿Con qué sensación te ves en el sueño?

P: Pues con un poco de angustia (pone sus manos sobre las rodillas y las mueve constantemente).

PO: ¿Hay alguna otra (P: … y de pena) persona en el sueño aparte de esta chica? En el camino ¿ves a alguien, o es la única?

P: ¡Ah, sí! (afirmando).

PO: ¿Hay más personas?

P: Sí, sí veo a unos hombres, ¿no? Sí, sí veo a unos hombres, pero no, ningún comentario ni nada, esto yo creo que me inquietó más. No, no, creo (hablándose a sí misma y afirmando) que me inquieto más al ver hombres.

PO: ¿En el camino?

P: En el camino, sí, y me veían.

PO: ¿Cuántos eran?

P: No sé, sí, tres. Sí, como tres o cuatro pero me veían pues y hacían sus muequitas y cosas así.

PO: ¿Espaciados o estaban juntos?

P: No, todos juntos.

PO: ¿Era un grupo de tres (P: Era un grupo) o cuatro personas, hombres?

P: (Afirma) Sí, hombres, y pues… yo seguí caminando (carraspea); no quería detenerme, quería llegar a un lugar… otra cosa, quería llegar a un lugar, no sé a dónde.

PO: (Afirma) No sabías a dónde.

P: No, pero quería llegar a algún lugar para... para cubrirme, eso sí lo tengo bien detectado, para cubrirme, vestirme, pues. Deseaba yo, en mi sueño, porque sí se lo dije a la otra persona que estaba ahí: aunque sea una blusa ¿no tienes? Buscaba algo, a… algo que me cubriera en ese momento, y ella me veía desnuda y me decía: ¡Estás desnuda!

PO: Ahora que me cuentas esto, ¿cómo te sientes?

P: A ver, déjame checar (baja la cabeza)… Un poquito inquieta, poquito (susurra).

PO: Un poquito; del cero al diez, ¿qué tan poquito?

P: Como... cuatro o cinco.

PO: Mj…

P: Sí (afirma).

PO: ¿Cómo es esa sensación de inquietud?

P: Más que nada se refleja en la cara (levanta la voz y toca sus mejillas con las dos manos), me siento sumamente caliente.

PO: Se te nota (tocando sus mejillas).

P: Sé que debo tener muy, muy rojas las mejillas. Entonces, es un calor, ¡eso es!, no otra cosa. Fíjate, no palpitaciones, no, calor.

PO: Este calor ¿es conocido para ti?, ¿se presenta en algún momento?

P: (Afirma con la cabeza) Cuando estoy un poquito nerviosa.

PO: OK, muy bien, ¿ahora te sientes nerviosa en este momento por estar aquí? ¿O por el sueño que me estás contando?

P: Por el sueño (responde confiadamente).

PO: Bueno. Entonces, me dices que despiertas angustiada.

P: Sí.

PO: ¿Hay alguna otra sensación?

P: No. Y te digo que estoy con... con mi esposo y despierto y... y lo despierto... Le digo: me soñé otra vez desnuda. Y hago (toma aire) ¡ahh!, para seguir con: ¡Pero qué bueno que era un sueño!

PO: ¿Eso te alivia?

P: Eso me alivia.

PO: Y ahorita que lo haces te alivia también.

P: ¡También! Me sigo sintiendo caliente (sonríe), pero me alivia.

PO: Vamos a ver hasta dónde llegamos.

P: Sí, sí.

PO: Te voy a pedir que cierres los ojos y vamos a entrar... Te explicaré cómo vamos a trabajar este sueño. Entraremos en el sueño. Te invito a volver a vivirlo en el presente y en primera persona, como si estuviera pasando de nuevo. Cierra los ojos (atenta a las instrucciones, en este momento P empieza a respirar más rápido) y me vas a contar, me vas a describir dónde estás, cómo es el lugar en el que te encuentras. Vamos a introducirnos en ese sueño para ver qué podemos encontrar y qué mensaje tiene para ti en este momento.

P: Sí.

PO: ¿Sale? Cierra los ojos, toma una respiración profunda...

P: (Cierra los ojos e inhala)

PO: Y toma todo el tiempo que necesites para ubicarte en ese sueño, como si estuviera pasando en este momento aquí y ahora... Cuando logres estar ahí en esa oficina... indícamelo. Tómate tu tiempo...

P: Ya.

PO: Muy bien, descríbeme el sueño en el que estás.

P: Sí. Me veo (carraspea) en esa oficina que tiene... tiene ventanales, hay un escritorio color gris... Una silla, creo que es giratoria...

PO: Métete bien.

P: Sí...

PO: Entra bien en el sueño.

P: (Su respiración se vuelve más rápida) Estoy no, no en la silla, sino estoy en otra silla fuera... de ese escritorio. La otra persona está muy bien arreglada, sí, está bien vestida (entrelaza los dedos y empieza a frotarse los pulgares manteniendo las manos juntas), bien vestida...

PO: A ver...

P: Sí... es... es delgada, es delgada, no puedo ver su, no recuerdo, no puedo ver en este momento su color de... de cabello, no; déjame ver... sí... su cabello es ondulado, su cabello es ondulado (afirmando), no veo el color, pero es ondulado (carraspea)... Está pegada o cerca de, parece ser que del ventanal, me ve, y hace una cara de... de sorpresa... yo veo su sorpresa, pero... no me había yo detectado desnuda hasta cuando ella me lo dice, dice: Estás desnuda. ¡Ay, sí, de verdad! (mantiene el mismo tono de voz).

PO: ¿Cómo te sientes en el momento en que te das cuenta de que estás desnuda?

P: Pues sí, angustiada porque no tengo mi ropa (se lleva las manos al pecho, su voz es más gruesa), no tengo mi ropa y era una persona... quizá con ella no me... da pena... o pienso lo que va a pasar, no sé, pero en este momento me... me... me da un poquito de angustia (se lleva la mano izquierda al pecho), ¿no? Entonces sí, a ver... no, sí, sí, estoy desnuda, sí es cierto, estoy desnuda. ¡Ay, déjame taparme!

PO: Tápate, tápate, toma la postura que tienes en el sueño... quiero que entres bien a esa sensación del sueño.

P: (Se encorva, levanta los hombros y se aprieta más el pecho) Me tapo porque sí estoy sentada y me tapé... sí, es cierto estoy desnuda... tú estás vestida... ¿No tienes una blusa o algo? No, pues no. No tiene, no me da nada... me voy a ir de aquí porque no puedo estar así. ¿Alguien va a llegar?: sí, va a venir mi jefe... ¡Ay, permítame salir, por favor! Abro la puerta.

PO: Vamos a quedarnos un momentito ahí.

P: Ajá (respira profundo).

PO: ¿Qué está pasando en este momento?

P: Mucha angustia.

PO: Toca esa angustia.

P: (Respira profundo y continúa con la mano sosteniendo su pecho con fuerza)

PO: Bueno, quiero que veas a esta persona que está frente a ti (P: baja la mano) y que veas todo lo que es.

P: Pues tiene ropa, tiene ropa.

PO: ¿Cómo te sientes cuando te das cuenta de que ella tiene ropa y tú no?

P: Siento que yo quisiera tener mi ropa (carraspea como en un intento de toser).

PO: Muy bien, te voy a pedir, vamos a detener un momentito el sueño y lo vamos a poner como si estuviera en una pausa, tú tendrás el control en tu manita y le vas a poner una pausa a tu sueño, hasta ahí.

P: Sí (se reacomoda en el cojín).

PO: Está detenido...

P: (Respira profundo)

PO: ¿Que pasó contigo?

P: Me ayudó mucho hacer una respiración profunda y sacar el aire lentamente… me tranquilizó, mmm… ajá…

PO: Quiero que veas a esta mujer frente a ti (P: adopta una postura erguida). Cuando la tengas, indícame dónde está.

P: Ahí está, la tengo de este lado (levanta la mano e indica con el índice derecho).

PO: Quiero que la veas a ella, está aquí a nuestro lado (afirmando).

P: Sí.

PO: ¿Puedes verla? (acomoda el cojín frente a P)

P: Puedo estar con los ojos cerrados ¿verdad?

PO: Sí, como te sea más cómodo.

P: Con los ojos cerrados.

PO: Muy bien, me pondré aquí a tu lado (se sienta junto a P).

P: Sí.

PO: Quiero que seas consciente de tu postura (P: se endereza)… no la cambies, sé consciente. ¿Qué está pasando?

P: A… Así estoy cómoda.

PO: Ajá, sí, quiero que veas a esta mujer.

P: Sí.

PO: Y le digas: "quiero tener lo que tú tienes o necesito lo que tú tienes".

P: (Carraspea) Necesito lo que tú tienes (baja la voz).

PO: ¿Qué pasa cuando le dices esto?

P: A ver (susurra)… necesito lo que tú tienes (voz tímida)… Pues sí (susurra).

PO: Observa bien qué está pasando (toca la espalda de P), checa bien qué está pasando.

P: Sí tengo necesidad ahorita de esa ropa (afirmación).

PO: Háblale de todo lo que necesitas.

P: Necesito… necesito lo que tú tienes, pero (con voz entrecortada)… sin que tú te quedes desnuda. Quiero que me compartas lo que tengas por ahí, alguna ropa, no sé, alguna blusa, algo que cubra… que cubra mi desnudez, pero no quitarte lo que tú tienes ni dejarte desnuda.

PO: Mmj.

P: (Continúa) Porque te sentirías incómoda, quizá como yo me estoy sintiendo (tose).

PO: ¿Cómo la ves cuando le dices esto?

P: Voy a comprobarlo (respira rápido)… quiero que me des ropa sin que tú te quedes desnuda porque yo necesito cubrirme… pues… yo veo que hace una negación (con voz tenue).

PO: ¡Ah! ¡Ella se niega!

P: Sí, se niega a darme la ropa porque… no sé por qué (se sostiene con los brazos sobre el piso y cambia constantemente de posición las piernas).

PO: Pregúntale… dile: "yo estoy necesitando algo de ti". Habla con ella. Vamos a ver qué pasa…

P: ¿Por qué, para qué no me quieres dar algo de ropa para cubrirme en este momento que yo me siento mal, que no tengo ropa?…

PO: Te pido que repitas esta frase y cheques qué pasa (toca la pierna izquierda de P): "¿Por qué me abandonas cuando te necesito?"

P: ¿Por qué me abandonas cuando te necesito? Chequé y… vi algo, Pily.

PO: (Retira su mano de la pierna)

P: …se alzó de hombros, no sé (levanta sus hombros y los brazos, los recarga de nuevo en las piernas y frota sus manos).

PO: ¿Qué pasa cuando le dices esta frase? Repítele esta frase.

P: (Pausadamente) ¿Por qué me abandonas cuando te necesito? (toma una respiración profunda).

PO: ¿Qué pasa aquí? que cambias hasta la respiración.

P: Pues que quiero entender por qué no puede prestarme algo (afirma y respira entrecortado).

PO: Muy bien. La actitud de esta mujer ¿te recuerda algo en tu vida?

P: (Traga saliva) Sí... claro que sí (carraspea y afirma al mismo tiempo con la cabeza), a una prima que cuando he necesitado algo. Mmm... siempre ha habido no una negativa tácita, pero ha dado muchas vueltas a las cosas, para poder apoyarme en algo, que en ese momento he necesitado.

PO:¿Cómo se llama tu prima?

P: (Cambia de postura y se abraza las piernas) Sí... Su nombre ¿verdad?

PO: Sí ¿cómo se...?

P: (Interrumpe) Lilian.

PO: ¿Cómo?

P: Lilian.

PO: Muy bien, quiero que por un momentito esta mujer se convierta en esa Lilian y te des permiso aquí y ahora, de reclamarle lo que necesites reclamar... de expresarle cómo te has sentido con sus negativas...

P: Pues, ehh (aclara su garganta), te quiero...

PO: Eso, muy bien (apoyando).

P: Te quiero... y te quiero mucho... me gusta apoyarte, cuando lo necesitas... y me gustaría... que tú también me apoyaras... cuando yo me acerco a ti.

PO: ¿Cómo te sientes cuando le dices esto a Lilian?

P: Mejor porque estoy siendo sincera.

PO: ¿Estás enojada con Lilian?

P: Nooo (con voz de víctima, hace a un lado la cabeza)... yo creo que estoy triste porque... no, no triste (afirma)...

PO: (Interrumpe) A ver, checa ahí, checa bien.

P: ...Déjame ver, no estoy enojada, eh (afirma), enojada no, pero...

PO: (Interrumpe) Molesta.

P: Mmj.

PO: Dolida.

P: ¡Eso! Dolida, dolida, dolida, porque la quiero.

PO: A ver.

P: Sí, no, enojada no.

PO: No estás enojada.

P: No, no enojada.

PO: Te duele (afirma).

P: Sí, sí me duele.

PO: (Toca a P en el antebrazo izquierdo) Entonces, completa la frase: "Lilian, me duele que tú...", completa con lo primero que venga a tu cabecita, ¿sale?

P: Lilian, me duele que tú no me apoyes... cuando te necesito.

PO: "Lilian, me duele que tú..."

P: No me apoyes cuando yo te necesito.

PO: Sigue completando con otras cosas que te duelan de Lilian.

P: Me duele (sus puños están fuertemente apretados abrazando sus piernas)... que no estés conmigo en... en algunos momentos que quisiera que estuvieras porque siempre hay algo, algo más importante para ti, pero... pero, pues, yo te quiero, yo te quiero y... sí me gustaría... que estuvieras conmigo; siempre he buscado alguien más en quién apoyarme.

PO: "Y cuando no lo encuentro, yo..."

P: Y cuando no lo encuentro, yo te he buscado a ti.

PO: "Y cuando no encuentro respuesta en ti..."

P: Y cuando no encuentro respuesta en ti me da tristeza.

PO: "Y huyo."

P: Y huyo.

PO: ¿Eso es cierto?, pones distancia, como en el sueño.

P: Sí, claro que sí, procuro no volver a molestar. Pero cuando esto ha sucedido, lo platico con ella y lo aclaro... lo aclaro y siempre en esa aclaración me dice que... que soy muy sentida, que además, a lo mejor malinterpreté, que a lo mejor el mensaje no fue claro, y yo me lo niego.

PO: Tú le crees (afirma).

P: Y no le creo.

PO: Eso, ejem, a ver, quiero que le digas eso, "no creo tus justificaciones".

P: No creo tus justificaciones.

PO: "Para mí tu negativa significa..." y complétalo.

P: Para mí tu negativa significa que no quieres apoyarme o que hay cosas más importantes para ti que el cariño de alguien que ha estado tan cerca... en momentos muy muuuy importantes para ti, y nunca he puesto un pretexto.

PO: OK. ¿Qué pasa cuando le dices esto?

P: Déjame checar (suspira). Me siento bien.

PO: ¿Cómo es bien?

P: Perdón, bien es tranquila, que no me he atrevido a decirlo así con esa claridad.

PO: ¿Tú detectas en alguna parte cierta molestia en estas actitudes? Es decir, yo escucho que tú has dado mucho, que has estado ahí de manera incondicional, que es una persona a quien quieres mucho. Que ha habido momentos en que la has necesitado y ella, además de negarte tu ayuda, se ha justificado con mentiras que tú no le crees. ¿En dónde estás dejando el enojo? ¿Qué estás haciendo con la coherencia?

P: En este momento (continúa abrazando sus piernas con los puños fuertemente cerrados) no hay enojo, pero sí ha habido enojo, ahora no.

PO: ¿Ahorita no?

P: En este... en este preciso momento, no.

PO: ¿Qué sí hay ahorita? ¿Qué sí hay?

P: Hay tristeza... no, sí, sí hay... no enojo... hay molestia.. no enojo fuerte, no, pero sí hay molestia ¿no? ¿Por qué no puedo tener esa respuesta también de cariño?

PO: ¡Claro!

P: ...porque es una respuesta de cariño, entonces hay molestia (afirma).

PO: Muy bien, molestia del cero al diez, ubícame en qué número está esa molestia, para darme una idea.

P: Seis... siete.

PO: ¿Eso es molestia para ti?

P: Sí.

PO: ¿No es enojo?

P: No.

PO: ¿Qué número tendría que tener para ti, para que fuera enojo?

P: ¡Ufff! Diez, ¡para romper hasta con esa amistad!

PO: ¡Pues nada más te faltan 3 para romper con la amistad!

P: Sí.

PO: Pero es molestia (afirma).

P: Sí.

PO: ¿En dónde sientes esa molestia?

P: Déjame ver... (suspira, levanta los hombros y cambia de postura), aquí, donde me siento muy caliente (se toca la cara y la frente).

PO: Quiero que te pongas bien en contacto con ese calor.

P: (Se toca los ojos y los abre)

PO: ¿Qué pasó que abriste tus ojitos? (toca a P en su pierna izquierda).

P: Pues que ya me estaba mareando (se toca los ojos) y sentía que me hundía y me hundía.

PO: ¿Y?

P: Y pues no me gusta sentirme así… ya.

PO: No lo vamos a forzar, no lo vamos a forzar (retira su mano de la pierna).

P: Noto que, aparte de la molestia... hay un poco de tristeza también...

PO: Sí, sí, yo lo entiendo, hay algo.

P: Hay un poco de tristeza ahí.

PO: A mí me importa ahorita que toquemos esa molestia chiquita de siete. ¿Te das cuenta de qué haces cuando hablas de la molestia?... ¿Qué es lo que pasa contigo cuando hablas de ello?... ¿Te diste cuenta de qué hiciste?

P: Quizá me agarre las piernas.... o... no, no.

PO: ¿Te diste cuenta de que abriste los ojos, que saliste de ahí?

P: Sí.

PO:¿Qué tanto te amenaza realmente tocar tu enojo? En particular con esta persona, con Lilian.

P: Sí, sí me… (tartamudea), sí me amenaza porque… caería en otro polo, en el de la indiferencia para no sufrir. Diría: bueno, pues ya, ¡hasta aquí! No vuelvo a hablar por teléfono, me niego si me habla por teléfono, no estoy, evado, no quiero.

PO: Tomarías la actitud de la mujer del sueño, alzarte de hombros y pues si esta necesita, pues que necesite (alza los hombros).

P: Sí y no quiero eso, no quiero hacerlo.

PO: ¿Por qué?

P: Porque la quiero.

PO: ¿Y...?

P: Y si la quiero no me gustaría dejarla sola en un momento en que necesitara de mí, ¿no?

PO: Entonces prefieres sentirte desprotegida, sentirte tú sola, prefieres sentirte tú abandonada.

P: Sí, a lo mejor.

PO: ¿Podemos hacer otro intento más con el sueño?

P: Sí, claro.

PO: Muy bien, te pido que te conviertas en la mujer del sueño entonces.

P: ¿Que tome yo su lugar?

PO: Sí, que tomes tú su lugar. Esa mujer está vestida, está indiferente, veamos.

P: (Se cambia al cojín de enfrente) Muy bien… Puedo verla acá (jala el cojín frente a ella).

PO: Sí. Tú acomódala en donde quieras. Entonces, tú eres aquí la mujer del sueño, tú estás vestida. Toma (P inhala profundo), eso, muy bien, una respiración, toma tu tiempo para meterte en este personaje. Cierra los ojos si esto te ayuda, o deja tus ojitos abiertos, como quieras. Y quiero que veas ese sueño desde esta otra parte. Tú eres quien está vestida, tú eres quien está segura.

P: (Endereza la espalda, postura erguida)

PO: Eso, muy bien, toma la postura. Pon tu cuerpo en esta postura sabiendo que tú estás bien vestida. Estás cerca de tus ventanales, estás en tu escritorio…

P: Ya.

PO: OK, ¿cómo te sientes?

P: Diferente.

PO: ¿Cómo es diferente?

P: Primero, tengo ropa y esto me da seguridad. Ya no me importa que me vean claro (levanta los hombros), pero…

PO: Quiero que veas a P ahí enfrente y que le hables.

P: ¿Qué necesitas?... ¿te hace falta ropa?

PO: Pero empezamos cuando le dijiste: ¡Estás desnuda!... ¿Te das cuenta?

P: Sí.

PO: ¿Cómo te sientes cuando la ves desnuda?

P: Pues me... me preocupa.

PO: ¡Aaah, muy bien! Entonces, no adoptas la postura de la mujer del sueño.

P: No (baja la voz).

PO: ¿Qué te impide alzarte de hombros? Ella te está pidiendo ropa, te está pidiendo ayuda.

P: Yo no la puedo dejar así, es horrible (encoge los hombros).

PO: Sólo que ahora vamos a actuar esta parte. Esta es P, pero quiero que dejes de ser P por un ratito.

P: Soy la mujer de los sueños (afirmación).

PO: Sí, tú eres la mujer del sueño. Vamos a dejar a P ahí enfrentito. Tú vas a actuar a esta mujer del sueño, tú estás vestida. Y hay otra a quien de repente ves y le dices: Oye, tú estás desnuda. Te pide ayuda, tú te alzas de hombros (P mantiene las manos juntas con los dedos entrelazados moviéndolos constantemente mientras escucha esto)... Quiero que intentes actuarlo, vamos a ver si lo logramos, ¿sale? Y si no, está bien.

P: ¿Estás desnuda? (alza los hombros)... me pide la ropa o algo que yo tenga y... (respira profundo).

PO: ¿Qué pasa? Observa bien ¿qué pasa?

P: Me cuesta trabajo decir que no (aprieta fuertemente las manos con los dedos entrelazados).

PO: Eso, quiero que le digas eso.

P: Me cuesta trabajo decirte que no.

PO: Y así es mi vida.

P: Y así es mi vida.

PO: ¿Qué pasa cuando lo dices?

P: (Baja el tono de voz) Pues estoy centrándome en que así es mi vida, que doy oportunidad a los demás y me pongo en el segundo término, que todos tengan…

PO: "Me quito, me quedo desnuda para darle a los demás."

P: Sí… Me quito, me quedo desnuda para darle a los demás (carraspea).

PO: "Y así es mi vida."

P: Y así es mi vida (con voz entrecortada).

PO: ¿Qué pasa?, revisa bien (pone su mano en la espalda de P), ¿qué pasa dentro de ti cuando dices eso?

P: Pues me da mucha tristeza reconocerlo así (traga saliva).

PO: Permítete sentir esa tristeza.

P: (Respira más rápido y entrecortado, suspira, traga saliva y se frota fuertemente los dedos entrelazados)

PO: Síguele hablando a esa P de todo lo que vaya surgiendo.

P: Pues siento mucho que estés desnuda… (frunce el ceño), pero me cuesta mucho trabajo (estira el brazo izquierdo y se frota la pierna).

PO: ¿Qué tal si lo ensayamos?...

P: (Se toca la frente y abre los ojos)

PO: ¿Qué pasó que volviste a abrir los ojitos?

P: Me cuesta trabajo negar algo que me están pidiendo y decir: ¿Sabes qué? No puedo dártelo. ¡Si yo lo tengo! Y aunque quizá yo también me quedara desnuda… pues, no, que no me quedara desnuda, la verdad (hacia sí misma). Pero puedes buscar otra opción, habrá otra ropa por ahí, no sé pero no dejarla sin nada, pues, porque ella está sufriendo y yo no puedo dejarla así (recarga el brazo derecho en su pierna tensándolo y lo frota con su brazo derecho).

PO: ¿Por qué no?

P: Porque la quiero y porque se sentiría mal ¿no?, porque yo ya viví en su lugar y se siente muy mal que…

PO: Que te digan que no (afirma).

P: Sí, me siento muy mal cuando me dicen que no…

PO: Por eso.

P: …si hay las facilidades, puedo decir que sí, o sea, hay imposibles pero hay cosas en las que sí se puede decir que sí.

PO: ¿Y si no quiere? Nomás porque no quiere y aunque sí tenga ropa, pero nomás porque no quiere. Vamos a hacer un pequeño experimento ¿quieres?

P: Sí.

PO: ¡Qué bueno! Porque tú no dices que no, a todo me vas a decir que sí, ja, ja. Bien, quiero que veas aquí a esta P y sin decirle nada que empieces a hacer ese movimiento de los hombros que veías en tu sueño.

P: Déjame ver (se acomoda en el cojín y levanta los hombros).

PO: Entra en ese movimiento nada más, ve cerrando tus ojos y haz este movimiento como de… "psss, ni modo" (levanta los hombros). ¿Qué significa para ti ese movimiento?

P: No sé tú (levanta los hombros y gesticula levantando las cejas).

PO: OK, hagamos ese movimiento de "allá tú", y verifica qué le pasa a tu cuerpo, repítelo las veces que sea necesario, quiero que sigas viendo a P.

P: Pues llega el momento en que ya no puedo decirle "allá tú" ¿no? Ya me costaría trabajo.

PO: ¿Te das cuenta de que este es solo un ensayo?

P: Sí (suspira).

PO: Que no tienes que hacerlo así, si lo ensayamos. Nada más como ensayo, observa cómo se siente estar de este lado. Fíjate bien. Ya experimentaste lo que es estar de este lado, ¿qué tal si ahora nos damos chance…

P: …de este lado…

PO: …sólo de experimentar qué se siente al decir "no"?

P: Muy bien.

PO: Sabiendo que puedes seguir diciendo que sí y ayudando, nada más vamos a experimentarlo un ratito ¿te gustaría?

P: Bueno.

PO: Quiero que le pongas palabras: "Pos allá tú, es tu problema". A ver, pon tú las palabras que… que has escuchado cuando alguien dice que "no", cuando a ti te han dicho "no".

P: Pues no puedo (levanta los hombros). ¿Qué quieres que yo haga, no? (levanta el tono de voz). Mira, ahorita tengo otro compromiso; mira, sí te quiero, pero no se puede y primero está mi familia. No te puedo llevar hoy aunque no tengas carro, quédate ahí porque no puedo, mi hijo entra a las dos a la escuela y tengo que darle de comer, lo entiendes ¿cierto? Pero… en la tarde te llevo a todo lo demás que tienes que hacer aunque ahorita no se pueda (se mantiene con los ojos abiertos viendo al cojín).

PO: Si necesitas o no, es tu problema.

P: Pues eso es cosa tuya ¿no? No tienes ropa, es tu problema y allá tú.

PO: "Yo no me voy a quedar desnuda para taparte."

P: Yo no voy a perder mi ropa para que tú la tengas, lo siento mucho, no puedo despojarme de esto porque me quedaría igual que tú y no estoy dispuesta a quedarme así (suspira).

PO: ¿Qué?

P: ¡Pues como que se siente mejor! (sonríe).

PO: Ja, ja, ja (toca su espalda). ¿Cómo se siente estar en este lado, de este ladito?

P: Sí, este lado como que se siente mejor porque puedo decir estoy yo primero. Sí se siente mejor.

PO: Quiero que regreses a este sueño, volvamos a tu sueño, cierra tus ojitos…

P: (Se reacomoda y cierra los ojos)

PO: …quiero que veas a esa P desnuda.

P: Ya.

PO: ¿Qué quieres decirle en este momento?

P: Ay, pues (baja la voz y suspira), date tú la oportunidad de ser la primera también.

PO: ¿La sigues viendo desnuda o ya no está desnuda?

P: No, sí está desnuda.

PO: Te daré una frase y quiero que la repitas y observes si tiene algún sentido para ti ¿te parece?

P: Sí (flexiona la pierna izquierda y la abraza con las manos estirando los brazos).

PO: "No es necesario quedarse desnuda para pedir ayuda."

P: No es necesario quedarse desnuda para pedir ayuda.

PO: ¿Tiene algún sentido para ti?, es decir, que no es necesario llegar a tanto para pedir ayuda.

P: Que se puede pedir ayuda antes… o sea, no quedarse sin nada ¿no?… Para que entonces llegue la conciencia.

PO: A ver, dile eso a P.

P: Pide ayuda cuando la necesites.

PO: Ni siquiera se había dado cuenta de que estaba desnuda, ¡figúrate!

P: Sí, sí (sonríe).

PO: ¡Ni siquiera se había dado cuenta de cuándo se le empezó a caer la ropa!

P: Sí, es cierto.

PO: ¿Te das cuenta de esto?

P: Sí.

PO: Tú le tuviste que decir: "Oye, date cuenta de que estás desnuda".

P: Sí, y esto me hace ponerme más… (cambia de postura, se toca la cara).

PO: ¿Más qué?

P: Más, más… centrarme, no sé (se toca la oreja y la cara) y ponerme un poquito más… a lo mejor hasta inquieta.

PO: A ver, quiero que le digas a P: "Yo soy tu parte que te recuerda que tú también tienes necesidades".

P: Yo soy tu parte que te recuerda que tú también tienes necesidades… y que debes satisfacerlas (baja la voz).

PO: ¡Que tienes derecho!

P: Tienes derecho a satisfacerlas, pero pon atención primero en ti, qué te hace falta, qué necesitas… tú que sí estás desnuda.

PO: "Y yo tuve que darme cuenta antes que tú."

P: Y yo tuve que darme cuenta (suspira) antes que tú.

PO: …"Y si te digo que no te quiero ayudar, es para que tú…" completa con lo primero.

P: Y si te digo que "no" es para que tú… (respira profundo).

PO: Con lo primero que tengas.

P: Tú te das cuenta… no sé.

PO: Repite esta frase completa.

P: Y si te digo que "no", es para que tú… te des cuenta.

PO: Pregúntale ¿dónde dejó su ropa? ¿Tú sabes dónde la dejó? ¿Cómo la fue perdiendo? Tú lo sabes, tú estas ahí para ayudarla(afirmando). ¿Cómo fue perdiendo todo esto que la cubría? ¿Dónde la dejó?

P: No encuentro… La fue perdiendo poco a poco… yo sí le preguntaría ¿para qué la fue perdiendo?

PO: ¿Qué tal si le preguntamos cómo la fue perdiendo? Recuérdale a ella cómo fue perdiendo todo esto.

P: Yo creo que ella lo sabe, lo fue perdiendo desde niña. Fíjate, desde niña lo fue perdiendo.

PO: "Lo fuiste perdiendo."

P: Desde niña lo fuiste perdiendo… lo fuiste perdiendo desde que estudias o desde que puedes recordar, en una escuela de religiosas, en las que tu autoestima empezó a bajar…

PO: ¿Qué pasa cuando le dices esto a P?

P: Pues recuerdo, pues recuerdo cosas que… (traga saliva).

PO: ¿Qué pasa dentro de ti cuando recuerdas cosas?

P: Como molestia, así de… (se frota las manos y frunce el ceño).

PO: Recuérdale dónde más fue perdiendo todo esto, dónde más dejó poco a poco su ropa, sus cosas.

P: Lo fue perdiendo después… hay un lío… un lapso ahí, un tiempo en el que no pierde.

PO: (Interrumpe) "En el que no pierdes."

P: En el que no pierdes nada, que es… el estar estudiando la secundaria, vuelves otra vez a perder tu ropa cuando ya estás en… estudiando la carrera y otra vez cuando ya la terminas y cuando aprendes que esta carrera es un servicio….(respira profundo, traga saliva) (PO le toca la espalda) …pos que me pesa… cuando tienes a tus hijos, te casas y otra vez hay que perder más ropa para vestir a los demás, para que los demás se sientan seguros y bien… (suspira) No importa cómo te sientas tú ¿no? porque pues, tú así lo decides y a lo mejor para tener afecto pierdes tu ropa (afirma con la cabeza), para sentirte querida, apreciada, pierdes tu ropa… así lo detecto (respira corto).

PO: ¿Y qué pasa cuando te das cuenta de todo eso? Cuando le recuerdas todo eso ¿cómo te sientes?

P: Hay algo, es que yo no quiero perder mi ropa.

PO: A ver, dile: "Yo ya no voy a permitir que pierdas más ropa".

P: Yo ya no voy a permitir que pierdas más ropa.

PO: "Si tú no sabes decir que no, yo sí."

P: Si tú no sabes decir que no, yo sí (levanta la voz).

PO: "Yo te enseñé, puedo alzar mis hombros y decir que no."

P: Yo te enseñé, puedo alzar mis hombros y decir que no.

PO: ¿Cómo te sientes cuando le dices esto?

P: Que pude decirlo (mantiene el mismo tono de voz monótono).

PO: ¡Claro! y ¿cómo te sientes al haber podido decirlo?

P: Como… como que me deshice de algo. Mejoran muchas cosas… ¡pude decirlo! y eso es muy importante para mí

PO: Claro, ahora quiero que vayas. Hagamos esto: te pido que vayas a esos lugares, a esos recuerdos a donde esa P fue dejando su ropa y le traigas lo que tú quieras darle… Pero también deja que ella solita… a su propio ritmo vaya a recoger el resto de la ropa que dejó, no le des todo porque si no, no aprenderá, ¿verdad?

P: Que haga su camino.

PO: Que haga su camino también, que vaya por ese camino, ahorita puedes darle algo, ¿o quieres que ella salga a buscar ese camino? Revisa bien, porque tú sí puedes decir que no (afirmación). ¿Qué crees que le serviría más a P?

P: A ver… ya.

PO: ¿Qué?

P: Que lo busque para que aprenda.

PO: Ándale pues, muy bien, entonces tú te vas a quedar aquí, déjala que lo busque para que aprenda. Ahora, conviértete en esa otra Adelina (P se cambia al cojín de enfrente y PO se sienta junto a ella).

P: ¿Y que empiece a buscar mi ropa?

PO: Ándale.

P: ¡Ya me quiero vestir! Ja, ja, ¿qué tal esa inquietud?

PO: ¡Espérate para que aprendas!, ya te dijo la otra. OK, toma un momentito entonces, respira profundo (P respira profundo) y métete en esta Adelina, esta Adelina sin ropa… Cuando estés ahí, me dices.

P: Ya.

PO: Ahora sí, te pido que salgas corriendo, vamos a ir por ese camino.

P: A ver… ya.

PO: Pero ahora sí sabes a dónde vas ¿verdad?

P: A buscar mi ropa.

PO: OK.

P: Sí.

PO: Quiero que empieces a buscarla… y que cada vez que encuentres algo me digas qué significa, con qué te vas a vestir.

P: (Respira más rápido) Llego a la escuela, a la primaria… y si es posible, la arrebato pudiendo decir lo que me molestaba de esa maestra.

PO: Bueno, ¡arrebátala entonces!

P: ¡¡Esto es mío!!

PO: Más fuerte.

P: ¡¡Esto es mío!! y no me gusta que me quites mi ropa o me grites.

PO: "No voy a permitir que me grites."

P: (Traga saliva) No voy a permitir que me grites.

PO: "Ni que me quites mi ropa."

P: Ni que me quites mi ropa, ¿sigo caminando?

PO: Muy bien, ¿recogiste algo?

P: Sí, sí recogí.

PO: Toma una respiración profunda (P respira profundo) y quédate con eso.

P: Recogí algo muy importante: seguridad.

PO: Eso. ¿Tu seguridad?

P: Sí, la recogí, dejé mi inseguridad de no poder alzarle la voz, verla a los ojos, y ¡esto es mío! (se lleva la mano derecha al pecho), pues esta es mi seguridad.

PO: Quiero que digas: "Esto es mío, esto es mi seguridad", alzando la voz.

P: Esto es mío, esta es mi seguridad… y no me importa… que se me quiera y no (alza los hombros).

PO: (Le toca el hombro izquierdo) ¡Eso! ¡Vuelve a alzar los hombros! ¿Te diste cuenta de lo que hiciste?

P: Siií, alcé los hombros.

PO: A ver: "No me importa…"

P: No me importa que me quiera o no (alza la voz y levanta los hombros), ¡esto es lo mío y esto me da seguridad! (con voz más firme). Y lo hice sin… (mueve la cabeza hacia PO).

PO: Sí, toma una respiración muy profunda (inhala profundo) y siente cómo te vas vistiendo.

P: Claro (respira profundo, suelta las manos y las recarga sobre sus rodillas, abiertamente)… Quiero llegar a mi casa.

PO: Muy bien, vamos a seguir caminando en el sendero.

P: Porque es el más difícil, el llegar a mi casa… Te quiero mucho, hija, pero ahora sí lo siento, yo estoy en primer término, y si esto me parece bien hacerlo, aunque no te guste, esto es mío (voz firme y fuerte).

PO: ¿Escuchas tu voz?

P: Sí, se oye más fuerte.

PO: ¿Qué estás recuperando aquí? ¿Con qué te estás vistiendo?

P: Mi seguridad, el cariño no es chantaje (afirmando).

PO: Respira profundo (P lo hace) eso, y vístete con esa seguridad.

P: …(Se reacomoda en el cojín y asume una postura más erguida) Luis, aquí no hay pobrecitos, aquí todos tenemos que hacer algo; lo siento mucho, discúlpame.

PO: ¿Quién es Luis?

P: Mi esposo.

PO: ¿Qué recuperas ahí?

P: Pues también mi posición (afirma con la cabeza).

PO: OK, tu derecho ¿no? (alentando).

P: Mi derecho.

PO: Toma una respiración profunda y…

P: (Interrumpe) Mi derecho a no chantaje.

PO: Eso (apoyando).

P: No hay pobres, todos estamos en el mismo camino (respira profundo y saca el aire con fuerza).

PO: ¡Eso!… Quiero que vayas viendo cómo te sientes.

P: Hay algo muy importante… (respira profundo).

PO: Sí.

P: Miriam, te quiero mucho pero hoy (puntualiza con voz firme y sin titubeos) no puedo apoyarte porque tengo cosas más importantes qué hacer, bueno, no más importantes, pero tengo otras cosas qué hacer. Pero no por eso dejo de quererte, pues, te quiero, pero hoy no puedo (con voz gruesa), ¡hoy no puedo! Lo siento… Eso me hizo sentir bien, ja, ja (dirige la cabeza hacia PO).

PO: ¿Te das cuenta del movimiento de tus hombros?

P: Sí.

PO: ¿Qué recuperas ahí?, regresa a ese contacto (P endereza su postura). ¿Qué recuperas ahí?

P: Es darme la oportunidad de decir "no", cuando debo decir "no".

PO: Cuando se te antoja decir "no" (afirmando).

P: Au... Aunque ya no importe, si, si me va a seguir queriendo igual o no, me voy a quedar sola pero...

PO: ¿Te vas a quedar contigo? Te vas a quedar sola pero vestida ¿no?

P: Sí.

PO: ¿Para qué quieres compañía y estar desnuda?

P: Sí (afirma con la cabeza).

PO: O...

P: (Respira profundo y se toca la frente y las mejillas, abre los ojos)

PO: ¿Qué pasa? Recupera bien ese derecho a decir que no. ¿Qué está ocurriendo?

P: (Toca sus mejillas alternadamente) Mejor, me siento mejor, menos calientita que cómo empecé... Es difícil, pero, bueno, no difícil, no sé, no imposible (voltea a ver a PO y se frota fuertemente las piernas, apretando los labios).

PO: Todavía no acabamos. (P respira profundo y aprieta los labios.) Falta, vamos a hacer lo último, ¿quieres?

P: Sí.

PO: A mí también me puedes decir que no ¿eh? (P agacha la cabeza mientras escucha) "No quiero, Pily" me puedes decir y yo te sigo queriendo igual.

P: Sí, Pily.

PO: Bueno, ciérrame tus ojitos otra vez (P cierra los ojos y respira profundo). Quiero que te vuelvas a ubicar en ese camino (P traga saliva) y veas cómo vas caminando por él.

P: Menos aprisa (levanta el dedo índice izquierdo)

PO: ¿Y qué llevas puesto?

P: Pues mi ropa (alza los hombros).

PO: ¿Cómo?

P: ¡Mi ropa!… sí.

PO: ¡Ah, ya! ¡Te sorprende!

P: Sí, pues, mi ropa ¿no?

PO: ¿Te sorprendiste?

P: Sí.

PO: ¿Qué fue lo que te sorprendió?

P: Porque llevo ropa.

PO: ¿Te la pusiste?

P: Sí.

PO: ¿Cómo te sientes? (P respira profundo y saca el aire por la boca.) Checa bien.

P: No angustiada, porque voy vestida ¿no?, que no me importa que me vean.

PO: Quiero que le digas eso a los cuatro hombres.

P: AA… Ahí, en ese momento me detuve cuando te dije, ya no me importa que me vean.

PO: Perfecto, diles eso.

P: (Respira profundo) Pues ya no me importa que me vean porque yo ya tengo ropa como ustedes, no pueden hablar de mí, no pueden decir nada aunque no hablaban pero me veían, tengo mi ropa (habla más rápido).

PO: Quiero que les digas: "Ya tengo mi seguridad".

P: Ya tengo mi seguridad y no quiero perderla.

PO: Una respiración profunda más (P respira profundo), bien profunda, ¡eso!, una más (P respira profundo), exhala por la boca y siente… eso es. Ahora hagamos una última cosa (P abre los ojos), quiero que pongas tu sueño enfrente (toma el cojín de enfrente y lo voltea), así con los ojitos abiertos, todo ese sueño, ese sueño obviamente tenía en parte un mensaje, ¿qué mensaje te dará este sueño?

P: ¿El que tenía anterior a esto? ¿O el que estoy teniendo ahorita?

PO: El aprendizaje que rescatas de este trabajo con este sueño. ¿Qué mensaje te da? ¿Qué te quería decir?

P: Pues esto que he vivido, ¿no? Mi inseguridad, mi necesidad de aprecio, de cariño y que si me negaba a algunas cosas iba yo perdiendo otras, la estimación, el cariño de los demás, y no tomarme a mí en cuenta, cómo cambia de lugar, cómo te sientes tú y no cómo me siento yo (voltea a ver a PO y se agarra la boca). No importa que yo me desvele contigo (señala hacia el cojín) si estás enferma y que yo mañana tenga que trabajar pero son ustedes primero ¿no? (Se frota la pierna izquierda) Así lo hago (respira profundo).

PO: Y si este sueño te pudiera dar un mensaje, ¿qué mensaje sería? ¿Qué es lo que te diría?

P: …Pues esto, el de seguridad (voltea a ver a PO), el ya tener algo (se toca el pecho con la mano izquierda), el ver qué te pasa, qué necesitas tú, no los demás porque no sabes.

PO: Te voy a pedir que antes de terminar, le des las gracias a este sueño.

P: ¿En voz alta?

PO: Lo puedes hacer en voz baja si quieres, agradeciéndole (P respira profundo) que haya sido tan repetitivo, hasta que le hiciste caso.

P: Sí, es cierto.

PO: Ahí estaba presente, presente, presente (P dice: sí) hasta que te diste cuenta. Te pido que le agradezcas de la manera que tú quieras…

P: (Cierra los ojos un instante, respira, guarda silencio y afirma con la cabeza)

PO: …OK, ¿podemos retirar?

P: Sí.

PO: ¿Cómo estás en este momento?

P: Déjame comprobarlo.

PO: Hazlo.

P: (Baja la cabeza y respira profundo) ...Bien, menos caliente (toca sus mejillas), tranquila (PO cambia de lugar y se sienta frente a ella)... Me siento... tranquila, porque me diste la oportunidad de que junto contigo pudiera encontrar qué estaba pasando, era mucho y había que reaccionar un poco. Gracias, Pily.

PO: Gracias a ti.

P: Te agradezco.

PO: ¿Necesitas algo en este momento? (Toca su pierna)

P: (Suspira y sonríe) Pues no, ya me lo diste. Me sentía muy nerviosa al principio. Decía: todos me van a ver y estas cosas. Cosas con el corazón así, pero no sé, fui yéndome y todo esto y ya no. Decía: voy a llorar mucho. También eso pensé, fíjate, pero no, qué bueno (sonríe).

TRABAJO 2 (Cuando los recuerdos se convierten en pesadillas)

PO: Pilar Ocampo
P: Paciente

AMBIENTE EN GENERAL: AMBAS SENTADAS EN ALFOMBRA
DURACIÓN: 2 horas

P: Pues quizá más que nada es a sentir dolor, más que nada, porque lo que yo empiezo a sentir cuando lo... vaya, cuando yo me despierto, es una sensación como de, es una sensación tan rara, es una sensación como de... un vacío. Como de algo que me quitaron como... con mucho dolor (se toca el estómago y sostiene la respiración), con mucha angustia, con mucho... ¡hasta lloro! (con voz entrecortada).

PO: Muy bien, ¿quieres platicarme el sueño? Sin entrar en él todavía.

P: (Respira profundo y baja la mirada) Es... Es... estoy muy chiquita.

PO: ¿Cuántos más chiquita?

P: Tal vez tenga unos dos o tres años, tres cuando mucho (respira con la boca).

PO: Mmmj.

P: Estoy en un lugar muy oscuro, muy oscuro, o sea no hay nada de luz, nada, y estoy acostada en el piso con mi hermano, mi hermano está más chiquito que yo (durante este discurso su mirada está fija sobre la alfombra).

PO: ¿Cuánto más chiquito?

P: Un año (mira a PO). Pues él está más chiquito, él es más chico que yo.

PO: O sea, en la realidad, ¿sí corresponde la diferencia de edades?

P: Sí corresponde. Y estoy sola, no hay nadie ahí, estoy yo sola.

PO: Sola y con tu hermano.

P: Y con mi hermano. Y está todo muy oscuro; de hecho, no veo nada de tan oscuro que está. Enfrente, de repente se abre una puerta (dirige la mirada hacia arriba) y aparece (habla más rápido) una... una sombra o es una persona, es un hombre (respira profundo y parpadea rápidamente), no veo su cara.

PO: Dime ¿qué va pasando cuando vas contando? (toca la pierna de P).

P: ¡Ay! (se toca el pecho y respira corto), siento que late muy fuerte mi corazón (con voz entrecortada).

PO: Mmj.

P: En esta parte del sueño es donde me despierto, no me hace nada esa persona porque nada más abre la puerta, no le veo la cara. Porque no la veo.

PO: Pero sabes que es un hombre.

P: Pero sé que es un hombre y además me causa mucho miedo esa persona (con voz nerviosa).

PO: Este miedo que te causa ¿es a que te pueda hacer algún daño a ti?, ¿a tu hermanito? ¿Qué tipo de miedo sientes?

P: Creo que es a que me haga daño. Y no sé, no sé quién es, como no le veo la cara… Pero cuando despierto, es com… como si me hubiera hecho daño (afirmando), esa sensación tengo y no me hizo nada en el sueño, no me hizo nada (respira profundo y mira a PO angustiada).

PO: ¿Como si te hubiera hecho qué tipo de daño?

P: (Suspira dos veces seguidas, traga saliva y cierra los ojos) Como muy lastimada (respira por la boca). No sé, te digo la sensación parece que me hubiera quitado algo, muy dentro, como como muy lastima-da (baja tono de voz).

PO: ¿Podrías más o menos decir de qué clase es este daño?… Como si te hubiera golpeado, si te hubiera…

P: (Interrumpe) Creo que sí.

PO: …si te hubiera robado algo.

P: No, robado no. Es como un daño hacia mí, hacia mi persona ¿no?, o sea…

PO: ¿De qué manera?

P: (Respira profundo por la boca…)

PO: Un grito, un golpe, un toque.

P: Creo que con golpes, creo que me lastimó más allá de todo ¿no?, esa sensación tengo. Es muy difícil para mí decirlo (baja la mirada) pero… siento como si hubiera abusado de mí esa persona, no sé qué es, pero así, eso siento (con voz entrecortada).

PO: Y ahora que lo platicas ¿qué pasa?

P: Estoy como temblando (toca su cara con la mano izquierda, traga saliva).

PO: (Se acerca físicamente a P) ¿Cómo es esa sensación?, que sientes temblor. ¿Qué sentimiento está ahí ?

P: Dolor, mucho dolor (tiene los ojos llorosos y los cierra. Aprieta los labios).

PO: OK, fíjate en lo que vamos a hacer (P cierra en puño su mano derecha y la frota con la izquierda). Te pido que imagines ese sueño frente a ti en una pantalla y cheques cómo te sientes más segura, con los ojos abiertos o con los ojos cerrados.

P: Bueno…

PO: No vamos a entrar al sueño ahora, lo único que te pido es que lo observemos desde afuera. Intentemos verlo como en una pantalla.

P: Sí. Creo que me resulta más fácil con los ojos cerrados (se limpia el ojo con el puño).

PO: Muy bien. Entonces cierra los ojos.

P: (Cierra los ojos, brazos rectos, con la mano izquierda agarra fuertemente el dedo pulgar derecho, entre sus piernas.)

PO: Yo aquí estoy, no vamos a entrar al sueño ahorita.

P: OK.

PO: Sólo quiero que visualices una pantalla frente a ti… Como si por un momento pudiéramos disociar lo que pasa ahí, y tú y yo (toca sus piernas con sus dos manos, dando apoyo) estuviéramos sentadas sólo como observadoras. ¿Podemos intentarlo?

P: OK…

PO: (Retira sus manos) Y cuando empieces a ver ese sueño en la pantalla me avisas.

P: …Ya.

PO: ¿Está ahí?

P: Sí (aprieta más fuerte las manos).

PO: ¿Cómo te sientes de verla, de ver esta pantalla desde aquí?

P: (Guarda silencio)… Más tranquila, está más lejos.

PO: Muy bien. Quiero que congeles esa imagen ahí, justo ese momento ¿sí?

P: Mmj.

PO: Detenlo, un momento.

P: Bueno (brazos rígidos).

PO: Como si ya no pudiera avanzar más. Como si el sueño pudiera llegar solo hasta ahí. ¿Puedes imaginar que tienes en las manos un control y que le pones una pausa ahí?

P: Sí.

PO: Cuando esté en pausa me dices y me describes la escena que quedó detenida en la pantalla.

P: Ya. Está la niña, con su hermanito y está la sombra, la persona que está ahí entrando en la puerta. Es muy alto (con voz entrecortada).

PO: Mmj. De acuerdo, quiero que en este momento te permitas hablarle a este sueño. A ese sueño que está detenido ahí.

P: Ajá.

PO: Háblale de todo lo que te pasa cuando él aparece en tu vida.

P: …No me gusta.

PO: "No me gustas" (con voz baja).

P: No me gustas. No me gusta que aparezcas en mi vida. Me causas miedo. Me causas dolor, mucho dolor.

PO: Dile de qué manera te causa dolor.

P: Me lastima. Siento que me quitaste algo, siento que me lastimaste… que abusaste de mí (mientras habla va pegando su espalda a la pared y levanta la cara).

PO: ¿A quién le estás diciendo?

P: A la figura (con voz baja y entrecortada).

PO: Vale, síguele hablando a la figura.

P: …Le tengo miedo (temerosa).

PO: Sólo recuerda que la figura está ahí detenida y tú tienes el control en tu mano, ¿OK? (apoya con su mano en la pierna de P).

P: OK.

PO: Esa figura no se puede mover hasta que tú lo permitas, P. ¿Sí te das cuenta de esto?

P: (Aclara su garganta) Sí.

PO: Muy bien, síguele hablando a esa figura.

P: (Postura rígida) Siento, siento que abusaste de mí. Me lastimaste… no podía defenderme y me lastimaste.

PO: Mmj.

P: No había nadie, sólo yo… Me das miedo (con voz baja y entrecortada)… Me das miedo.

PO: "Me da miedo que vuelvas a lastimarme."

P: Me da miedo que vuelvas a lastimarme.

PO: Observa qué va pasando cuando le hablas a esta persona.

P: Quiero ver su cara y no puedo (con tono desesperado).

PO: Está bien.

P: Quisiera poder ver su cara y no puedo.

PO: Mmj, dile esto.

P: Quiero ver tu cara, quiero ver tu cara.

PO: Dile ¿para qué quieres ver su cara?

P: Quiero saber quién es.

PO: "Quiero saber quién eres."

P: Quiero saber ¿quién eres, por qué me lastimas tanto, por qué me atormentas, quién eres?

PO: Pregúntale a esta figura para qué apareció en tu vida.

P: (Recarga completamente la cabeza y la espalda en la pared)… (PAUSA LARGA)…

PO: ¿Qué está pasando, P? (toca su espalda).

P: (Respira profundo y saca el aire por la boca, continúa con postura inmóvil) ¿Para qué aparece en mi vida? (titubea)…

PO: ¿Qué pasa ahorita en ti?...

P: (Frunce el ceño, traga saliva y se hace más hacia atrás)

PO: Aquí estoy yo (frota la espalda de P), sólo dime qué está pasando.

P: (Se encoge, abraza sus rodillas, baja la cabeza y llora) Es Luis, ¡siií! (llora fuerte y se lleva las dos manos a la cara).

PO: (Se acerca a ella y toca su espalda y su pierna) ¿Ya viste quién es?

P: ¡Sií (llanto), es Luis.

PO: ¿Quién es Luis?

P: Eee, eee (llanto)… Ess mi padrastro (llanto fuerte).

PO: Aquí estoy yo, no pasa nada (toma un pañuelo y lo acerca a P).

P: Es malo (llora).

PO: ¿Es malo, te lastima?

P: Sí (llora).

PO: OK, ahorita no puede lastimarte porque yo estoy aquí, aquí estoy yo.

P: (Con postura fetal sentada, inclina su cuerpo hacia PO)

PO: (Se arrodilla y la abraza con los dos brazos recargándola en su pecho)… Ahorita no te puede hacer nada.

P: (Sigue llorando y aprieta fuertemente sus manos sobre el pecho)

PO: (Acompaña físicamente)… No puede pasar nada, no estás sola, no puede tocarte… (sigue abrazando y seca las lágrimas de P) (por la postura el micro se aprieta y se logra escuchar el latido rápido del corazón de P).

PO: Dime ¿qué estás viendo?, ¿dónde estás ahorita?

P: Ya no quiero verlo… (deja de llorar, se endereza y deja el pecho de PO).

PO: (La abraza con un solo brazo por la espalda y seca sus lágrimas) ¿Dónde estás ahorita? ¿Puedes ver algo?

P: Estoy aquí ahorita (PO le seca la nariz. P pide pañuelo con las manos).

PO: ¿Dejaste de ver el sueño?

P: Sí (sacude la nariz).

PO: Suénate (deja de abrazarla).

P: (Suena fuerte su nariz) Sí.

PO: Bien, dime ¿qué está pasando? Está bien…

P: Me causa mucho miedo (limpia sus ojos).

PO: ¿Te das cuenta de que mientras no te enfrentes a él, va a seguir…

P: (Afirma con la cabeza)

PO: …intentando hacerte daño?

P: Sí, sí (con voz temblorosa).

PO: ¿Quieres que lo enfrentemos ahora?

P: Sí… sí.

PO: Bueno. ¿Puedes volver a ver esta imagen? Ahora ya sabes quién es.

P: Sí (respira profundo).

PO: Sólo que a esa escena le vamos a hacer una pequeña modificación.

P: Sí.

PO: De acuerdo. Quiero que la que está acostada en el suelo ahí, sea la adulta ahora.

P: OK.

PO: Y la que está a un ladito, en vez de ser tu hermanito, es la pequeña P, pero esa figura no lo sabe.

P: Bien.

PO: Mmj, y esa figura empieza a abrir la puerta, pero ahora no se va a encontrar con una niña indefensa y sola, se va a encontrar con la niña acompañada por otra adulta.

P: Sí (apoya sus manos sobre la alfombra y se acomoda en el cojín).

PO: ...Adelante, cuando estés ubicada ahí me indicas.

P: ...(Entrelaza las manos y las recarga sobre las rodillas flexionadas) De acuerdo.

PO: ...(Espera a que P se ubique) Muy bien, ahora sí quiero que me digas dónde estás, ya no está tan oscuro ahora, puedes ver algo más, ¿dónde están la pequeña P y tú?

P: ....(Respira profundo) En la casa de mi mamá (respira corto y traga saliva).

PO: ...Mmj, vale. ¿Cómo te sientes al estar ahí ahora, siendo la adulta a un lado de P chiquita?

P: ....Con fuerza (su voz es tenue).

PO: Está bien... ¿dónde sientes esta fuerza?

P: ...Está en el pecho (se lleva las manos al pecho, señalando).

PO: Bueno, toma una respiración profunda y contacta bien con esa fuerza.

P: (Respira profundo)

PO: ¿Ves a la pequeña P a un lado?

P: Mmj.

PO: ¿De qué lado tuyo está?

P: Está sentada aquí (toca la alfombra de su lado izquierdo, y regresa las manos a las rodillas).

PO: OK. ¿Y cómo la ves?

P: Está muy chiquita. Ella sí tiene miedo (aprieta sus manos).

PO: Ella sí está asustada. Muy bien. Quiero que le hables a esta pequeñita (pone un cojín del lado izquierdo de P), ahí está.

P: (Respira profundo y se dirige al cojín)... P, ya no tengas miedo, estoy aquí para protegerte, ese señor ya no te va hacer nada, ya no te va a lastimar. Ya no volverá a tocarte. Estoy aquí para impedírselo (con voz entrecortada).

PO: ¿Cómo se siente la pequeña P al decirle esto?

P: ...(Se lleva las manos a la cara y llora) La verdad es que tiene otra cosa.

PO: Deja que esa chiquita hable y nos cuente qué pasó.

P: Llanto.

PO: (Se acerca a P y toca su rodilla derecha) Bien (toca su espalda y suelta su pierna), deja que tu mente saque todos esos recuerdos que habían estado ahí... Haya pasado lo que haya pasado, esa pequeña P sobrevivió.

P: Ese señor siempre llegaba muy tomado (con llanto fuerte).

PO: Siempre llegaba muy tomado...

P: No había gente, mi mamá no estaba, y me quedaba yo cuidando a mi hermanito, mi mama salía mucho, nos dejaba solos (llora fuerte).

PO: ¿Los dejaba solitos a los dos?

P: Sí, decía que éramos un estorbo... pero yo cuidaba a mi hermanito.

PO: Quiero que te permitas traer ahora esa escena completa.

P: (Solloza y se frota las manos en las rodillas, frunce el ceño... Peina su cabello, toca su espalda.)

PO: Lo pasaste y sobreviviste a esto, ahora sólo deja que tu mente lo saque de manera completa.

P: (Respira profundo y se detiene el llanto) Es muy noche, tengo mucha hambre, mi hermanito también tiene hambre (con voz muy tenue) No habíamos comido nada en todo el día y él se quedó llorando porque tenía mucha hambre y así se durmió. Yo tenía miedo porque estaba todo muy oscuro. Tengo miedo (PO peina su cabello).

PO: ¿Qué es lo que te asusta?

P: No hay nadie, yo quiero ir con mi papá (PO seca sus lágrimas), mi mamá nos trajo aquí, no está mi papá... (recarga su cabeza hacia atrás). Está abriendo la puerta, está ahí (encoge más las piernas pegándolas fuertemente a su pecho), está... es mi padrastro. Se está acercando... (rompe en llanto).

PO: ¿Qué pasa, P? (seca las lágrimas de P)

P: ¡Que no quiero que me toque, me está jalando! (levanta la voz y encoge aún más las piernas, pega su espalda más hacia la pared), me está jalando, le digo que me deje.

PO: Díselo.

P: Déjame, déjaaame, déjameeee. Alguien ayúdeme (PO se acerca a P), ¡ahí está! ¡Me está lastimando, me está quitando mi ropa, todo, me está lastimando, me está lastimando! (llora intensamente, lleva sus manos a su pelvis y aprieta fuertemente).

PO: (La abraza con firmeza)

P: Me está lastimando (llanto), ¡ayuda!

PO: Aquí estoy yo, aquí estoy, aquí estoy, aquí estoy contigo, aquí estoy yo, aquí estoy, no estás solita, P. Aquí estoy yo, no va a pasar nada más.

P: (Fuerte llanto)… Sobreviví (llanto).

PO: Lo sobreviviste, ya lo sobreviviste (la abraza fuertemente y P se recarga). Sólo deja que venga el recuerdo completo para que puedas liberarte (P baja lentamente las piernas), aquí estoy contigo (ofrece un pañuelo y P limpia sus lágrimas).

P: (Llanto fuerte e intenso, las manos sobre los ojos) Mamita, yo no fui, yo no tuve la culpa, yo no tuve la culpa, yo no tuve la culpa, no me saques (encoge las piernas, regresa a la posición fetal y se recarga del lado izquierdo hacia el piso, sin tocarlo), no me saques, mamá, tengo mucha sangre, mira.

PO: Deja que tu cuerpo vuelva a vivirlo (sostiene a P por detrás).

P: Mamita, nooo, no tuve la culpa, no tuve la culpa (PO pone dos cojines entre la cabeza de P y el piso), ¿por qué me sacas? (llanto), por qué, sin motivo, tengo frío, tengo mucho frío.

PO: (Sigue sosteniéndola por la espalda) Aquí estoy yo.

P: No pasa nada (entre llanto).

PO: Lo sobreviviste, sí pasó y sobreviviste a ello (abraza firmemente por la espalda a P).

P: (Llanto) Mi hermanito está asustado.

PO: Mmj.

P: Está asustado conmigo afuera, hace mucho frío, alguien que me ayude…

PO: Aquí estoy yo (sigue abrazándola).

P: Tengo mucho frío, mucho frío (entre llanto)…

PO: (Frota su brazo y espalda, pone un suéter sobre ella.)

P: Lo odio, ¿por qué no se muere, por qué no se muere?, lo odio (llanto). Es malo, es malo… (llanto). Quiero ir con mi papá, quiero ir con mi papá, quiero ir con mi papá.

PO: Ya pasó. Ya pasó y lo sobreviviste (sigue abrazándola mientras P llora y poco a poco se tranquiliza)…

PO: Ahora quiero que me digas ¿cómo estás, P?

P: Recordando.

PO: Eso, deja que salga todo eso que estaba guardado ahí, deja que salga una vez más para que se vaya.

P: Hay una señora.

PO: ¿Quién es esa señora?

P: Una señora que vive en la casa de al lado, ella nos pasaba pan a veces a través de la ventana.

PO: ¿Qué ocurre con ella?

P: Me está llevando con ella, dice que voy a estar bien, que me va a llevar con un doctor para que me vea, se lleva a mi hermanito también porque le digo que no quiero que se quede solito (entre llanto).

PO: ¿Dónde está tu mamá? (sigue abrazando a P).

P: No está, está adentro con el señor, me sacó, me dijo que yo tenía la culpa, me pegó y me sacó. Estaba dormida, estaba dormidita.

PO: ¿Estabas dormidita?

P: Yo no tengo la culpa, no quiero que me toque (voz débil entre llanto).

PO: Claro, no es tu culpa, P (en voz baja).

P: Yo no la tuve (entre llanto).

PO: No, no es tu culpa, no podías hacer nada. No podías hacer nada… no fue tu culpa (con voz muy tenue).

P: Ella dice que cuando ya salga yo de aquí me va a ayudar a buscar a mi papá (en voz baja). Dice que va a ser un sueño, que ya nunca lo voy a volver a ver, lo bueno es que va a ser un sueño (entre sollozos).

PO: No, no es un sueño, P, esto es una realidad (con voz firme y sigue abrazándola).

P: ¿La realidad?

PO: Pero también es una realidad a la que sobreviviste.

P: (Pausa larga mientras llora, suspira fuertemente)

PO: ¿Pasa algo más en tu sueño?

P: No (sollozos).

PO: ¿Dónde estás ahorita?

P: Aquí, ya (PO le da un pañuelo y P se limpia la nariz y levanta un poco la cabeza).

PO: ¿Cómo está la temperatura de tu cuerpo ahorita?

P: Bien.

PO: ¿Ya estás calientita?

P: Ya está bien.

PO: ¿Ya no tienes frío?…

P: No (P intenta reincorporarse y PO retira el suéter).

PO: Quédate ahí, quédate un ratito (le pasa un pañuelo y la suelta… acaricia su cabeza)… dime si hay algún cambio.

P: (Solloza) No puedo creer que mi madre haya hecho eso (solloza).

PO: ¿Cuántas veces pasó esto, P?

P: Él hacía muchas cosas cuando estaba tomado (PO le pasa otro pañuelo y P sacude su nariz).

PO: Suénate (le proporciona otro pañuelo y toca su brazo derecho), suénate bien.

P: (Suena fuertemente su nariz… se recupera)

PO: ¿Cómo va tu cuerpo ahora?

P: Mejor.

PO: Ya pasó…

P: (Respira profundo, PO frota su brazo) …Me sentía tan mal, tan, no podía hacer nada… (sollozo) Lo odiaba, lo odiaba realmente, hubiera querido que se muriera (con voz más firme).

PO: ¿Él vive todavía, P?

P: No sé… No tengo contacto con mi mamá desde hace mucho. Pero es increíble cómo de repente se abre todo y vuelvo a recordar tantas cosas, cosas que yo no…

PO: (Interrumpe) No sabías que estaban ahí.

P: No sabía que estaban ahí.

PO: ¿Qué pasó después de que la vecina te llevó al doctor? ¿Buscaste a tu papá? ¿Te ayudó a buscar a tu papá?

P: Sí (se reincorpora y se recarga sobre la pared, PO la suelta) Fue mi, fue mi mamá (peina su cabello y se tapa la cara con la mano derecha) y me dijo que, que él no, que no me había hecho nada (levanta la cabeza, la recarga sobre la pared y abre los ojos)… Me dijo que, que yo había tenido la culpa (llanto) y que era una mala hija.

PO: ¿Qué tú eras qué?

P: Una mala hija… Me pegó… No sabía dónde estaba, estaba yo chiquita (baja la mirada y cierra los ojos). Le dije que no era mi mamá, porque era mala, que ya no era mi mamá, que ya no tenía mamá (en voz baja). Nos llevaron a mi hermano y a mí a una casa hogar, mientras localizaban a mi papá. Afortunadamente lo localizaron y nos llevó con él. Y no volví a saber nada de ellos, realmente para mí ella estaba muerta. Una vez me dijo mi abuela que era mala por negar a mi madre, que mi mamá vivía. Y yo le dije que mi mamá no vivía y no volví a verla, hasta que estaba yo ya grande, muy grande. Y ella me buscó porque tenían problemas y me pidió que regresara. Creo que ya no estaba con ese señor (mientras habla se deslizan las lágrimas sobre su cara)... No le pregunté.

PO: ¿No volviste a verlo después de esto?

P: (Niega con la cabeza) No, y ya no he vuelto a ver a mi mamá. La ayudé hasta donde pude, ella lo necesitaba. Realmente lo que necesitaba era dinero. La ayudé con lo que pude y ya no volví a verla (abre los ojos). No quiero verla realmente (recarga la cabeza en la pared, mira hacia arriba y seca sus lágrimas). Me es indiferente, me es indiferente. Para mí, mi madre es mi madrastra, aunque haya tenido su carácter y, pues me dio más de lo que me dio ella.

PO: Como que esa noche no sólo te quitaron esto, sino que también se ¿murió tu mamá?

P: Sí.

PO: ¿Cómo estás ahorita?

P: ...Estoy bien (se lleva la mano derecha a la cara y agacha la cabeza, como sorprendida).

PO: ¿Qué tan fuerte te sientes para continuar con el trabajo?

P: Quiero terminarlo, ya no quiero seguir con esto.

PO: ¿Quieres terminar qué?

P: El trabajo.

PO: ¿Hasta aquí?

P: Nooo, quiero seguir.

PO: Muy bien. Entonces, te voy a pedir que visualices frente ti la imagen de tu padrastro.

P: Mmj, bueno (cierra los ojos).

PO: Siéntalo a una distancia que sea cómoda para ti, ahorita ya no puede hacerte daño… (P se reacomoda en el cojín)… Cuando esté la imagen me indicas.

P: …OK.

PO: Muy bien, P (cambia el tono de su voz a uno más firme y fuerte) Vamos a regresar a la misma escena, este hombre va a abrir la puerta, pero ahora estás tú.

P: De acuerdo.

PO: Y ahora tienes muchas más herramientas que no tenías en ese momento.

P: OK.

PO: Quiero que te permitas verlo a los ojos y hablar por esa pequeñita y decirle y hacer todo lo que necesites hacer con esa imagen aquí y ahora, con estas herramientas, con esta fuerza… Deja que se abra esa puerta y enfréntate a esa imagen ahora, de una vez por todas.

P: Bueno. Aquí estoy. Sólo vengo para decirte que eres una basura, un hijo de la chingada, que si yo hubiera podido en ese momento te hubiera matado (con voz fuerte).

PO: (Interrumpe) Muy bien, ¿como, cómo quieres matarlo ahora? ¿Todavía están esas ganas ahora?

P: Sí.

PO: ¿Qué quieres hacer con él? Checa bien, ahora puedes hacerlo.

P: (Respira profundo y rápido) Quiero pegarle.

PO: Muy bien, P, aquí está frente a ti (acomoda varios cojines apilados). Aquí está frente a ti, date chance. Date la oportunidad de hacer todo lo que necesites hacer de una vez y para siempre. Mátalo de una vez para que ya no te siga persiguiendo.

P: Es una basura.

PO: Sí, sí lo es (afirma).

P: Es una basura, no vale ni siquiera la pena.

PO: Adelante, ahí está frente a ti.

P: No vales ni siquiera la pena, no vales la pena. Eres (toma los cojines), eres, no tengo palabras para poder decirte todo lo que eres (dobla los cojines fuertemente), eres un desgraciado, un desgraciado, ¿cómo pudiste abusar de ella? (azota más fuerte golpeando los cojines y llora), ¿cómo pudiste, cómo pudiste, cómo pudiste?, ella no se podía defender, no se podía defender (solloza). Te odio, te odio (retuerce sólo un cojín y lo azota).

PO: Saca todo eso.

P: A ti, a ti.

PO: Dile "Ya no permitiré que sigas lastimándola".

P: Ya no permitiré que sigas lastimándola. Que cada vez que llegues, llegues y la golpees y después hagas lo que te da la gana (seca sus lágrimas con las manos).

PO: "Esa niña ya no está sola."

P: Esa niña ya no está sola. Ya no la vas a volver a tocar, ya no, ya noo (azota el cojín y llora). ¡Eres peor que un perro! Pero ¿sabes qué? Lo mejor de todo esto es que ya ni merece la pena que me acuerde de ti.

PO: Mmj).

P: Ni siquiera eso (para el llanto). Ni siquiera eso, eres una... eres una basura.

PO: Dile "Eres un enfermo y hoy elijo liberarme de ti para siempre".

P: Eres un enfermo y hoy elijo liberarme de ti para siempre. ¿Sabes? siento mucho calor, pero siento un alivio porque ya no tendré que cargarte, ya no tendré que verte todos los días en mis sueños.

PO: Dile "Ya pude enfrentarme a ti, te gané la batalla."

P: Ya pude enfrentarme a ti, te gané la batalla (se reincorpora y recarga su espalda en la pared), ni siquiera mereces mi odio, ni siquiera eso (con voz plana y más fuerte).

PO: No se lo merece. Dile "Yo merezco ser feliz y elijo soltarte para siempre".

P: Yo merezco ser feliz y elijo soltarte para siempre, para siempre.

PO: Vale, toma una respiración bien profunda (P respira profundo). Eso es (PO toca el hombro de P), saca todo, eso, continúa inhalando y exhalando. Deja que salga toda esa energía (P respira profundo), que vaya saliendo de tu cuerpo. Que tu cuerpo se vaya soltando, se vaya liberando de toda esa energía acumulada durante tantos años. Deja que salga todo ese miedo, toda esa impotencia, todo ese dolor, todo ese enojo. Permítete limpiarte de todo esto, y ponlo ahí en esa figura; y cuando esté todo ahí en esa figura, quiero que te permitas destruirla para siempre y me digas cómo la vas a destruir.

P: Voy a pisarlo.

PO: OK, ¿quieres que nos paremos?

P: Sí (ambas se ponen de pie).

PO: Bueno, ahí está.

P: (Comienza a brincar encima de los cojines.)

PO: Písalo todo, saca todo, destruye. Si no ha sido suficiente, patea (P se detiene). Checa bien cómo estás (P se lleva las manos a los ojos). Verifica bien cómo estás (se acerca a P y la toma de los codos). Toma una respiración profunda (P respira profundo). ¿Se fue esa figura?

P: (Aún parada, se recarga sobre su costado en la pared)… Me voy a sentar (señala al piso y se sienta).

PO: Observa ¿cómo está tu cuerpo en este momento?

P: …(Se toca el pecho) Bien, ya está tranquilo.

PO: Quiero que lo pongas en una postura cómoda, P (P se recarga en la pared con la cabeza hacia atrás). ¿Quieres que te ponga un cojín para recargarte?

P: No, así está bien.

PO: Ahora vas a tomar una respiración bien profunda (P respira profundo). Vas a exhalar y a relajar tu cuerpo.

P: Me voy a acostar (se acuesta en el piso).

PO: Aquí hay cojines a la izquierda si los necesitas. Muy bien. Visualiza una luz morada sobre ti… ¿puedes verla?

P: Sí.

PO: Muy bien. Esta luz está conformada de energía purificadora. Permite que esa luz vaya entrando a todo tu cuerpo, desde la punta de tu cabeza hasta la punta de tus pies, y que conforme entre a tu cuerpo, limpie toda tu energía por dentro y por fuera. Permite que esta energía morada limpie todo tu cuerpo, concentrándote particularmente en toda tu zona lastimada. Siente cómo esta energía traspasa poco a poco tu cuerpo y sale hacia la tierra llevándose toda esta energía densa, sucia, tóxica, mientras continúas inhalando y exhalando. Como si tu cuerpo se volviera transparente, limpio. Cuando no quede rastro de esta energía tóxica y tu cuerpo esté lo suficientemente limpio, y la luz morada pueda traspasarlo por completo, me indicas.

P: …(Con la respiración más estable) Ya.

PO: Ahora, en ese mismo lugar donde estaba la luz morada, hay una energía pura, limpia y nueva, observa qué color quieres ponerle a esa energía.

P: …Es blanca, muy blanca.

PO: Deja que esa energía blanca, muy blanca, empiece a bañarte, empiece a penetrar en todo tu cuerpo, inundándolo de energía limpia, nueva, llenando cada uno de los rinconcitos de tu cuerpo, desde la punta de tu cabeza hasta la punta de tus pies. Toma una respiración profunda (P respira profundo) y permite que tu energía vaya inundándote por completo (P respira profundo de nuevo). Eso, deja que se expanda, que te llene de luz y de blancura. Y cuando estés totalmente llena de esta energía nueva y limpia, me indicas.

P: Ya.

PO: Muy bien. Así, ahora, con esta energía limpia y nueva, te pido que te vayas en la fantasía a un lugar. A un lugar donde puedas sentirte en paz, libre. ¿A dónde te está esperando esa pequeña P?, ¿puedes verla?

P: Sí.

PO: ¿Ves a la chiquita ahí?

P: Mmj.

PO: Vale. Permítete encontrarte con ella y transmitirle toda esta energía nueva (levanta sus brazos, los flexiona y suspende sus manos a la altura de su estómago) y abrazarla y darle la bienvenida. Como si ella y tú se fundieran ahora. Rodeadas por esta energía blanca, limpia (P se abraza a sí misma). Eso, transmítele toda la seguridad que tú tienes para dar. A esta pequeñita nadie podrá lastimarla de nuevo, ya está segura, ya está limpia, ya está libre ahora (P baja los brazos). Toma una respiración profunda más (P respira profundo) y repórtame qué sensaciones hay en ti en este momento, P.

P: Paz (con voz tranquila).

PO: Permítete tocar esa sensación de paz con todo tu ser. Quédate disfrutando de esta paz todo el tiempo que necesites. Deja que esta paz te inunde por completo... Y cuando haya sido suficiente, me indicas, sin abrir los ojos.

P: ...Ya.

PO: Y ahora, desde esta sensación de paz, permítete agradecerle a ese sueño por haber sido la puerta de tu liberación. ¿Puedes hacer esto ahora?

P: Sí. Te agradezco el haber estado ahí, para poder sentirme tranquila hoy.

PO: Checa si hay algo más que necesites decirle a ese sueño, antes de despedirte de él para siempre.

P: Darle las gracias por permitirme, por estar completa.

PO: OK... ¿Puedes regresar a la pantalla nuevamente ahora?

P: Sí (se talla los ojos).

PO: ¿Qué ves en esa pantalla ahora?

P: ...Veo a P chiquita, ya no tiene miedo, y las víboras ya se van.

PO: ¿Cómo te sientes tú al ver esto?

P: Bien, bien.

PO: Ya se fueron. Quédate nuevamente en contacto con esta sensación de liberación ahora. Toma una respiración profunda más (P respira profundo). Y cuando estés lista puedes abrir los ojos y regresar aquí.

P: (Abre los ojos, se lleva las manos a ellos) Se ve más claro todo.

PO: Sí, seguramente (sonríe). ¿Cómo estás?

P: (Toca su cabeza) Bien.

PO: ¿Cómo es bien?

P: Me siento tranquila, ya no tengo miedo. Me siento completa, llena, ya no siento ese vacío que sentía antes, muy bien, me siento bien (sonríe).

PO: ¿Hay algo que necesites en este momento?

P: Gracias (PO toca su cabeza y P le toma la otra mano, ambas se besan en la mejilla). Gracias… ¡Qué diferente se ve todo! ¿No? (se incorpora y recarga la espalda en la pared)

PO: Te pido que vayas estableciendo contacto visual, totalmente con cada uno de tus compañeros.

P: (Recorre con la vista a todos) Se ven muy reales, hoy veo muy real todo (sonríe).

PO: Las cosas sí pasan y son reales.

P: Mmj (sonríe).

PO: ¿Hay algo que necesites?

P: No, estoy bien, gracias (se queda pensativa con la mirada hacia la alfombra)… Nunca me imaginé que iba a salir esto.

PO: Ya se acabó, ya pasó.

P: Así es. Todo pasa… Pienso que yo tengo como un ángel que siempre me ha cuidado, siempre que he necesitado de algo o de alguien ha estado ahí en ese momento cuando lo he necesitado… En su momento estuvo esa señora que me ayudó y siempre ha habido alguien cuando he necesitado o he pasado cosas difíciles, siempre ha estado. Pero así como vienen se van, o sea, son personas que no he vuelto a ver… Sin embargo, todo forma parte de mi vida y, y realmente creo que si, si me dieran la oportunidad de volver a nacer, no cambiaría nada porque todo me ha, me ha dejado algo positivo, dentro de todo esto, me ha ayudado a crecer. Ya sé por qué soy así (mantiene la sonrisa en su cara).

PO: Y ha valido la pena ser la P que eres ahorita (afirmando).

P: Sí, así es. Todo lo que he vivido, ha valido la pena. Quizá si no hubiera sido de esa manera, hubiera sido diferente.

PO: Seguramente, P.

P: Pero me gusta cómo soy, me gusta mi vida, con todo lo que ha tenido. Me gusta más porque hoy me siento completa. Prácticamente esa etapa de mi vida la borré, para mí no existía, fue un sueño, decía yo. Gracias, gracias a todos.

PO: ¿Hay algo que necesites de tus compañeros?

P: Nada más darles las gracias por haber estado aquí, conmigo, acompañándome, gracias (sonríe).

TRABAJO 3

PO: Pilar Ocampo
P: Paciente

AMBIENTE EN GENERAL: AMBAS SENTADAS EN ALFOMBRA
DURACIÓN: 2 horas

P: Voy saliendo de… de algún lugar, estoy con María y Luz, dos compañeras de trabajo, terminamos de dar un curso y… vamos comentando cómo nos fue y las tres estamos muy contentas, en ese

momento estoy muy contenta, voy comentando cómo me fue y…
llegamos a una esquina, nos despedimos y cruzo la calle a una parada
de autobús. En esa parada me encuentro con Dora Marta y Lolita,
otras compañeras de trabajo, y otros compañeros a los que no distin-
go, o sea, no recuerdo quiénes son, pero sé que hay otras personas.
En la parada hay un árbol muy grande y ellas me dicen… que no ha
pasado el camión, que llevan mucho tiempo esperándolo y no ha pasado, entonces les digo: "No, pues yo no tengo tiempo de esperarlo, se
me hace tarde". Y me voy caminando, no está muy lejos a donde voy.
Empiezo a caminar y en el camino encuentro una especie de barda,
muy alta, es como un contenedor y yo empiezo, subo, o sea brinco,
o sea subo muy fácilmente a pesar de que es una barda alta, la subo y
sigo caminando. En ese momento me doy cuenta de que tengo hambre y digo "Ay, tengo hambre". Y recuerdo que Adnil me había dicho
que por ese rumbo, es decir, por donde voy, hay una señora que vende
memelitas muy ricas. Me encamino hacia el puesto de memelitas,
pero entro por la parte trasera. Ahí en la parte trasera del negocio hay
un baño… no me gusta lo que veo, porque veo los baños enfrente
de donde está, donde hacen la comida más o menos y… veo que el
fogón está apagado y el comal abajo, y veo a la viejita, veo a la viejita
que hace las memelitas. Le digo "¿Todavía falta para que hagan las
memelas, no?, yo ya tengo prisa". Pienso que…, bueno, no me gusta
mucho el lugar, los baños no tienen puertas, tienen unas cortinas y
entonces llego al lugar, veo, y observo que viene él. La señora tiene un
hijo, viene el hijo, y es un hijo que está ciego.

PO: ¿De la viejita?

P: De la viejita, el hijo de ella, la viejita, es un muchacho que está
ciego y él dirige su cara hacia mí y me saluda, es muy amable, sonríe,
y se ve muy tranquilo, yo lo saludo y empezamos a platicar.

PO: (Interrumpe) ¿Qué edad tiene él?

P: Él debe de tener como unos treinta años, más o menos. Pues, empieza a platicar, y así seguimos, ¿no? En eso estamos, yo estoy sentada
en una silla, él está parado y entra otro de sus hermanos y él también
es ciego, sólo que la diferencia entre ellos es que el primero tiene –haz

de cuenta–, así los párpados (se toca los ojos) o sea está la piel así, no tiene ojos. Y el segundo de los hermanos sí tiene ojos, tiene unos ojos verdes, muy grandotes, con unas pestañas muy grandes, muy cristalinos, unos ojos preciosos, y me guiña un ojo, el que tiene los ojos abiertos me guiña un ojo, y pienso "Ha de ser un tic". Su hermano me dice "Es que le gustaste". Yo me río (ríe nerviosa) y le digo "¡Ay, estás loco! ¿Cómo crees que le voy a gustar? ¡Si está ciego! No me puede ver". Y él contesta "Es que él tiene la capacidad de percibir cuándo una gente es bonita, y no se equivoca". Yo seguía con lo de "¡Estás loco! ¿No? (sonríe), no es posible". Entonces, en eso yo recuerdo que tenía que llegar a la peni, digo: "Ay, pues, yo tengo prisa". Me despido de ellos diciéndoles "Con permiso, ya me voy" y paso por la sala en donde se sirven los bocadillos, o lo que venden. Veo que las mesas están muy limpias, están muy… muy dispuestas, muy ordenadas, con los mantelitos muy limpios, y me doy cuenta de que no son mesas comunes, son mesas que fueron hechas como con pedazos de tablas, muy rústicas.

PO: ¿Esto sigue siendo en el mismo puesto de las memelas?

P: En el mismo puesto de las memelitas, o sea, de la parte de atrás me voy hacia la parte de enfrente, donde las sirven, porque entré por donde las hacen. Me voy, atravieso una casa, una calle, sigo caminando, eee… Me doy cuenta de que se me hizo tarde para ir a la peni porque está anocheciendo. Paso por una estética y… me detengo y pienso que tengo ganas de que me hagan algo. Quiero que me corten el pelo, ¡quiero algo!… Pues sí, pero también necesito llegar a la peni, estoy en ese conflicto: me quedo, me voy. Y digo "¿Qué voy hacer a la peni? ¿Cuál es la prisa por llegar a la peni?, ya que me descuenten". Después pienso que sí tengo mucho trabajo y decido irme, y sigo caminando, sigo caminando. Llego a la peni, entro a la oficina, a la oficina, voy directo a hablar con el administrador, y le digo "¿Sabes qué? Es que se me hizo muy tarde y no pude llegar a tiempo, este… te quiero pedir si puedo checar mi salida yyyy pues yo te repongo el tiempo, o sea, me voy más tarde, saco mi trabajo. Contesta "No hay problema, lo único que te pido es que me selles una incidencia". "Sí, no hay problema", respondo. O sea, yo pienso en Raquel, una amiga que tengo y en que ella puede poner mi sello de la incidencia. No hay bronca. Entonces, bajo de las oficinas del administrador, salgo de esas oficinas administrativas, llego a la puerta de la penitenciaría, este… toco y en lo que me abren, ahí acaba mi sueño. Entonces veo que está oscureciendo, que cuando estoy en el puesto de memelitas es de día y cuando, cuando voy a cruzar la calle para esperar el camión, veo que ya es tarde, que está anocheciendo, son como las siete, siete y media, está entre claro y oscuro y cuando llego al puesto de la señora, me doy cuenta de que hay un sol muy muy brillante y cuando vuelvo a llegar a la peni, veo que otra vez está oscureciendo, que está anocheciendo.

PO: Es decir, como si hubiera tres estadíos marcados por la luz.

P: Sí.

PO: (Señala con sus manos hacia la alfombra) Digamos que esta es una parte donde está oscureciendo, esta es otra parte donde hay luz y luego hay otra parte en la que nuevamente está oscureciendo.

P: De que se está oscureciendo…

PO: Bueno. ¿Con qué sensación te despiertas del sueño?

P: Pues la sensación fue, me me desperté así muy divertida ¿no? Y dije Qué chistoso que haya estado leyendo de lo de proyección en sueños y haya soñado esto. Entonces despierto así como cuando…

PO: (Interrumpe) Esto es de tu cabeza, ¿con qué sensación te despiertas del sueño?

P: De intranquilidad, así como de, ay, o sea ¿qué será esto? (se lleva las manos al pecho y su voz suena entrecortada).

PO: OK, y ahorita que me lo cuentas ¿cómo te estás sintiendo?

P: Un poquito nerviosa (se frota las manos).

PO: (Toca la manos de P) Estás fría.

P: Generalmente estoy fría de las manos.

PO: Eso no tiene que ver.

P: No, es más bien el temblor.

PO: ¿Qué es lo que te pone nerviosa?

P: ¡Ay! Pues este... ¿qué es lo que me pone nerviosa? (sonríe) …pues no sé. Es (se frota las manos), no es una incomodidad desagradable, es más bien como, ¿qué es lo que voy a encontrar?

PO: Mmj… De acuerdo… A ver, eso dice tu cabecita, a ver aquí (señala su pecho), en el fondo, en este momento.

P: (Se lleva la mano izquierda a su pecho, baja la cabeza y cierra los ojos) Mmm, no, no, realmente estoy…, o sea, ahorita que me, que me checo, sí me doy cuenta de que mi corazón está latiendo un poquito más rápido… pero… ahora que te lo cuento se me va tranquilizando (sonríe), me estoy tranquilizando (sonríe, levanta la cabeza y abre los ojos).

PO: OK. Vamos a revisar a ver qué va saliendo. Cundo tú pasas por la estética, ¿cómo está el sol?

P: Está oscureciéndose.

PO: Mmj, ya esto corresponde a la otra parte.

P: Sí, sí, está oscureciéndose.

PO: Muy bien. Ahora, aquí nosotros tenemos tres partes del sueño, tenemos una parte que es donde sales de algún lugar, donde están tus compañeras de trabajo, donde están tus amigas, donde cruzas la calle para esperar el camión.

P: Mmj.

PO: Vale. Esta otra parte donde entra todo el asunto de la casa de la viejita con las memelitas, los niños, bueno, los jóvenes ciegos y todo esto, y esta otra parte donde entra la estética, tu prisa por llegar a… ¿Es la procu?

P: A la peni.

PO: A la peni y a donde despiertas (P afirma con la cabeza). Estas tres partes de tu sueño están muy claramente marcadas por la diferencia de la luz.

P: Mmj.

PO: OK, te voy a pedir en este momento (toca la pierna de P) que cierres los ojos (P cierra los ojos). Toma una respiración profunda (P respira profundo)… y simplemente ponte en contacto contigo, nada más (P respira profundo y rápido)... Ahora te pido que visualices frente a ti una puerta… ¿Puedes verla?

P: Sí.

PO: Quiero que la veas cerrada (P asiente), ¿cómo es esa puerta?

P: Es una puerta de madera, es café, es muy ancha, es de dos, este, o sea se ve así (une las partes laterales de sus manos).

PO: Ajá, de dos hojas.

P: De dos hojas, este… tiene unos, unos como marquitos, así (señala con sus dedos). Luce muy cuidada.

PO: Bueno. Ahora, fíjate bien, te vas a ir acercando poco a poco a esa puerta, vas a abrir esas dos hojas, y cuando se abra vas a estar dentro de una de estas tres partes del sueño. Quiero que veas… ¿En cuál? ¿A cuál es a la que vas a entrar?, abriendo esta puerta… Y cuando estés ahí, descríbeme ¿dónde estás?...

P: Son las oficinas de la peni.

PO: Descríbeme qué está pasando (P respira rápido). ¿Qué está pasando en ti en este momento?

P: Estoy sintiendo un recorrido desde mis pies hasta mis manos… es un, como si todo mi cuerpo latiera.

PO: (Se acerca a P) Deja que venga esa sensación, deja que venga esa sensación (toca la pierna de P), ¿es agradable o desagradable?

P: Está siendo desagradable.

PO: Descríbeme dónde estás, hablándome en primera persona y en presente.

P: Estoy en las oficinas administrativas, está un poco oscuro, únicamente percibo a tres compañeros trabajando, uno en la computadora y otros dos en otros escritorios, hay muchos escritorios vacíos, eee… se filtra un poco de luz por la puerta trasera…

PO: ¿Cómo te sientes al estar ahí?

P: Un poco agitada (respira rápidamente y habla con voz agitada).

PO: ¿Del uno al diez qué tanto es poco?

P: Cuatro.

PO: Mmj.

P: Estoy subiendo las escaleras al primer piso (respira rápido).

PO: ¿Qué es lo que te está agitando?

P: El hablar con el administrador.

PO: ¿Qué representa para ti el administrador?

P: Pues… pues la autoridad a quien voy a pedirle el permiso.

PO: ¿Y qué es específicamente lo que te agita cuando vas subiendo la escalera? Del hablar con él, ¿qué es lo que específicamente te agita?

P: Pues el hablar con él, el no saber cómo va a reaccionar.

PO: OK, continuemos con la escena (toca la pierna de P). Vas agitada porque no sabes cómo va a reaccionar, vas subiendo las escaleras.

P: Sí, voy subiendo las escaleras, llego al escritorio de la secretaria, no hay nadie, entro directo al privado y me estoy sentando y le pido que… que me justifique mi llegada tarde (respira más rápido).

PO: ¿Qué está pasando ahorita en tu cuerpo?

P: Estoy empezando a sentir mucho calor, una opresión en el pecho.

PO: Ponte en contacto con esa sensación y descríbeme ¿qué es? ¿Cómo es?

P: Estoy sintiendo miedo.

PO: Deja que venga ese miedo, ¿qué es lo que está pasando?

P: …El administrador me está viendo.

PO: ¿Cómo te sientes ante él?

P: Me siento… Eee… Como inadecuada, como que hay algo que no debería pedir… Es…

PO: ¿Qué pasa ahora?

P: Estoy sintiendo mucho temblor en mis pies, en mis manos.

PO: Deja que venga ese temblor, vamos a ver qué te está queriendo decir este temblor. Quiero que observes bien qué está pasando a tu alrededor en esa oficina. ¿Esta oficina es conocida para ti?

P: Sí.

PO: Muy bien. Quiero que veas. Hay algo ahí que no está siendo conocido. Quiero que descubras ¿qué es eso que no está en la oficina normalmente?

P: Creo que es una credenza (frota sus manos).

PO: ¿Qué es eso?

P: Es un, un… un mueble con unas gavetas al lado y un hoyo en medio. Está al lado derecho del administrador, al lado izquierdo mío.

PO: Y eso es algo que no está ahí.

P: No.

PO: Quiero que observes esta credenza… ¿Qué es lo que pasa cuando la ves? ¿Qué te pasa a ti cuando la ves?

P: Me siento incómoda.

PO: ¿Qué es lo que te incomoda?

P: La veo muy, muy pegada al escritorio, está ocupando mucho espacio.

PO: ¿Le está quitando espacio al escritorio?

P: Sí.

PO: ¿Está invadiendo el espacio del escritorio?

P: Sí.

PO: ¿Hay algo más que está invadiendo esta credenza? ¿Hay algo más que está haciendo?

P: …Pues, cuando las personas entran, pueden cortarse porque tiene un filo muy cerca de la puerta.

PO: Mmj, es decir, que el hecho de que esté ahí también es un riesgo para las personas que pasan.

P: Sí.

PO: OK. Te pido que poco a poco comiences a convertirte en el escritorio. Toma una posición que te permita ser ese escritorio. Empieza a abandonar tu ser P, para convertirte en ese escritorio que está ahí; busca, busca la posición hasta que puedas convertirte en ese escritorio (P se arrodilla, despacio, y dobla su tronco hacia adelante recargando ambos brazos en el piso y tocando este con la cabeza, en posición "de bolita". PO acompaña con la misma posición) y cuando seas el escritorio me avisas.

P: …Mmj.

PO: Ahora descríbete siendo ese escritorio.

P: …Soy un escritorio grande, soy un escritorio café, tengo unas partes cromadas limpias, brillantes. Estoy lleno de papeles, en mi gaveta hay lapiceros, hay lápices, hay muchas hojas, muchas carpetas; adentro de mí tengo dos gavetas, una grande y una pequeña (PO asiente), y estas gavetas están llenas de documentos.

PO: ¿Tienes documentos importantes dentro de ti?

P: Sí… sí, yo guardo, eee… todo lo que se refiere al personal, yo cuido que… tengo una llave y con eso no cualquiera puede sacar estos documentos porque son muy importantes.

PO: O sea, es un espacio seguro (afirma).

P: Sí, sí, sobre mí hay algunos otros documentos que también son importantes, pero todavía no logran tramitarse, son documentos pendientes. Y tengo una charola con hojas, hojas blancas, tengo… en esa misma charola tengo hojas, copias.

PO: Parece que tienes todo lo necesario.

P: Sí.

PO: ¿Quién te tiene tan bien cuidado, tan limpiecito?

P: La secretaria.

PO: Pero parece que la secretaria no está ahora.

P: No.

PO: ¿Tú sabes a dónde se fue esa secretaria que te tiene tan bien cuidado?

P: Sí, se fue, es tarde, y salieron de trabajar.

PO: Mmj. Muy bien, escritorio. ¿Puedes ver cerca de ti invadiendo tu espacio a esa credenza?

P: Sí, la veo muy cerca de mí.

PO: Quiero que le hables, que le hables con lo primero que venga a tu mente.

P: Quiero que te hagas para allá, quiero que te salgas, quiero que me dejes mi espacio… quiero que… que te muevas, ¡yo quiero que te muevas, yo quiero que te salgas! (con voz rápida y entrecortada)…

PO: Observa bien. ¿Qué pasa en ti cuando le dices esto?

P: (Llora) Me estoy atragantando.

PO: Mmj (toca la espalda de P), síguele hablando… Y dile cómo te está invadiendo

P: Me estás invadiendo, no me estás dejando espacio (solloza), yo necesito un espacio, tú no tienes por qué estar ahí.

PO: Repite esto último.

P: ¡Tú no tienes por qué estar ahí!

PO: Este es mi espacio…

P: Este es mi espacio, y esto es mío. ¡Yo necesito un espacio! (alza la voz)…

PO: Dile cuánto necesitas ese espacio, cuánto necesitas que la gente que se acerque a ti no salga lastimada.

P: Yo necesito que… tener la seguridad de que la gente que viene y que se puso en mí no va a ser lastimada. Yo necesito saber que aquí donde estoy es un lugar seguro. Yo necesito que te salgas (solloza).

PO: ¿Qué está pasando cuando dices todo esto?

P: Se me va la voz (llanto) (palabra inaudible).

PO: Síguele hablando a esa credenza, y ¿a quién de tu familia se parece, quién está?

P: Mi papá.

PO: (Toca la espalda de P) Háblale. Quiero que le repitas exactamente las mismas palabras: me estás invadiendo, este es mi espacio, no tienes por qué estar aquí.

P: (Solloza) Papá, me estás invadiendo, este es mi espacio, no tienes por qué estar aquí (PO le da un pañuelo y P se seca la nariz). Tú tienes otro lugar… yo necesito recuperar este espacio, yo necesito aire, yo necesito espacio, yo necesito libertad, yo necesito que le gente se pueda mover… (llanto)… yo ya no quiero que estés tan cerca.

PO: ¡Repítele esto!, quiero que lo hables desde dentro de ti.

P: Quiero que no estés tan cerca de mí.

PO: ¡Ponlo en ti!: "y yo ya no quiero estar tan cerca de ti".

P: Yo ya no quiero estar tan cerca de ti.

PO: ¿Qué pasa cuando dices esto?

P: (Solloza y respira profundo), me siento más tranquila.

PO: Sigue hablando desde ahí, de todo lo que ya no quieres, háblale de todo lo que tienes ordenado en tus cajones, háblale de cómo en tu vida está estructurada cada cosa, de cómo todo tiene un orden, ¡háblale de todo eso que es tuyo! De cómo tienes trámites pendientes por hacer, de cómo guardas cosas importantes dentro de ti, háblale de todo esto.

P: Pa, yo tengo muchas cosas que sí son mías. Tengo muchas cosas muy importantes, que las tengo muy ordenadas que, que sé, que quiero que estén así. También tengo muchos pendientes que necesito ir resolviendo, y, y esto sí es mío, y… y tú no me permites estar a gusto haciendo lo que sí necesito hacer. Tú me distraes, me robas mucha energía, me robas mucha energía, porque necesito estar pendiente de que nadie salga lastimado (llanto).

PO: Es decir, ¿necesitas aparte cuidar a la gente de él?

P: Sí, sí.

PO: ¿A quién tienes que cuidar?

P: Pues a mis hermanos.

PO: ...¿Qué está pasando ahí ?

P: Me duele.

PO: De acuerdo, toca bien eso, toca bien ese dolor (toca la cabeza de P)… Y háblale, háblale de lo doloroso, de lo cansado que es cuidar que los demás no se tropiecen con esas esquinas filosas.

P: Estoy cansada, me siento muy desgastada (llanto)… me resulta imposible estarme haciendo cargo de tantas cosas, de la gente para que no se golpee, no se lastime (sacude la cabeza) y me duele mucho, papá... Me duele mucho (llanto fuerte), me duele pensar que yo pueda darte más, es algo que no, que no lo aguanto... (sacude la cabeza)...

PO: ¿Qué está pasando?

P: Estoy sintiendo mucho calor, estoy… más tranquila.

PO: Regresa a tu existencia siendo escritorio.

P: ....Mmj.

PO: Bien… ¿Quién puede ayudarte como escritorio a mover esa credenza, a sacarla de ahí, de tu espacio?

P: Pues, cualquier persona que tenga (en forma inaudible).

PO: Pero a ti.

P: ¡Aah!… pues la secretaria.

PO: ¡Claro! La secretaria que no está ¿no?… Quiero que le hables a esa secretaria que no está.

P: Mechita, tú me cuidas mucho. Yo sé que te preocupas mucho por mí y siempre quieres que esté arregladita; cuidas mis papeles y me arreglas cosas, las guardas en carpetas, resolviéndolas, y cuidas que siempre haya un lápiz y un lapicero, y todo lo que necesito, tú cuidas que esté a la mano. Quiero que muevas esa, esa credenza, quiero que la hagas que se mueva de aquí, porque… porque está invadiendo mi espacio y no quiero, no quiero que lo siga haciendo, no quiero estar gastando mi energía con la gente. Quiero que haya espacio, que la gente pase libremente, entonces quiero que, que la muevas, es más, esa credenza no tiene nada (con voz más tranquila).

PO: ¿Está vacía?

P: Sí, sí, aquí no sirve, quizá sea más útil en otro lado.

PO: ¿Tú sabes quién puso esa credenza ahí en el escritorio?

P: El administrador.

PO: El administrador, ajá. ¿Con permiso de Mechita? ¿O sin permiso de Mechita?

P: Sin permiso de Mechita.

PO: Muy bien. ¿Estás viendo a Mechita en este momento?

P: Sí.

PO: ¿Ya llegó?

P: Ajá.

PO: ¿Y cómo te sientes cuando la ves?

P: Este… contenta.

PO: ¿Qué es lo que te pone contenta?

P: Porqué sé que Mechita sí va a hacer lo que necesito.

PO: Mmj. ¿Te da seguridad cuando la ves ahí?

P: Sí, sí, me siento muy segura.

PO: Muy bien. Te pido que poco a poco vayas abandonando tu postura del escritorio, poco a poquito, te vayas enderezando suaveciiito, no te vayas a lastimar, poco a poco ve dejando de ser escritorio… Toma una respiración profunda (P se endereza, se sienta en el cojín, se limpia la nariz)… toma un pañuelo… ¿Cómo estás en este momento?

P: Muy tranquila (se limpia los ojos, la nariz, sigue con los ojos cerrados).

PO: Ah, muy bien. Ahora te voy a pedir que tomes algo de tiempo hasta que puedas convertirte en esa credenza, tú eliges el lugar, aquí en el espacio... dime dónde vamos a estar como credenza.

P: Acá (señala con la mano izquierda el piso a un lado de ella), pero larga, así.

PO: A ver, tú conviértete (P empieza a acomodarse acostándose en la alfombra, PO se cambia a un lado de ella y la ayuda a acomodarse), yo aquí estoy a un ladito. Tú conviértete en esa credenza, poco a poquito (P termina de acomodarse en la alfombra acostada boca arriba sobre el piso con los brazos estirados hacia arriba). Poco a poco descríbete como credenza, siente cómo cada parte de tu cuerpo se convierte en esta credenza... ¿Qué está pasando?

P: Me estoy sintiendo pesada.

PO: Muy bien, siente toda esa pesadez... y empieza a describirte cuando estés como credenza.

P: Soy una credenza de lámina, de color verde, tengo cuatro gavetas, dos grandes y dos chiquitas. Tengo un espacio que divide a los cajones, ese espacio es para que guarden libros, como para que pongan un televisor, un aparato de vídeo, cosas así. Mi superficie es como de imitación madera, estoy limpia, tengo cuatro sostenes o pies y siento muy pesada esa parte, soy muy pesada en esa parte de los pies, eee... ahorita estoy en un espacio muy pequeño y mis gavetas no pueden abrirse totalmente, pueden abrirse como un poquito más allá de la mitad pero eso hace que yo choque con un escritorio que está a mi lado. Hace poco que me trajeron aquí donde estoy y...

PO: ¿Para qué te pusieron aquí?

P: Mmm, creo que me pusieron aquí para ponerme algunas cosas que necesita traer el administrador, pero no las ha traído.

PO: ¿Y cómo te sientes, credenza, de estar aquí en un espacio reducido, sin cosas encima de ti, cómo te sientes?

P: Pues me siento inútil, porque no estoy sirviendo para nada, ¿no? O sea, no, no me están utilizando en este momento, me siento incómoda porque choco, choco y siento que estoy estorbando también.

PO: ¿Oíste todo lo que te dijo ese escritorio?

P: Sí.

PO: ¿Cómo estás? ¿Cómo te sientes con todo lo que te dijo el escritorio?

P: Pues yo me siento muy triste, que me quiera sacar de aquí.

PO: A ver, dile.

P: Escritorio, yo estoy muy triste porque tú me quieres sacar. El hecho de que ahorita no me estén ocupando, no quiere decir que yo no sirva (voz entrecortada).

PO: ¿Qué está pasando cuando dices esto?

P: Eee... estoy triste, estoy triste de que me quieras tirar de acá (con voz entrecortada)... yo, yo no quiero golpear a las personas, pero no puedo hacer nada por moverme. A mí me pusieron aquí, y sé que, que sí puede ser retache conmigo y se golpee, pero yo no lo haría intencionalmente. Yo sé que puedo lastimar (llanto).

PO: A ver, di: "Yo sé que puedo lastimarte, a mí también me duele hacerlo". ¿Quién aparece?

P: Yo sé que puedo lastimarte, pero no quiero hacerlo.

PO: Mmj.

P: ...Aparece mi mamá y mi hermana.

PO: Háblales.

P: (Solloza) Yo sé que... yo sé que ustedes dos están pasando por una situación difícil.... Yo sé que... que a veces no puedo evitar que se lastimen... no quiero que vengan. Yo sé que a veces no me puedo mover para quitarme, pero ustedes sí se pueden fijar.

PO: Repite esta frase: "A veces parece que mi presencia es inútil".

P: A veces parece que mi presencia es inútil.

PO: "A veces ni yo misma sé para qué estoy ahí."

P: A veces ni yo misma sé para qué estoy ahí... A veces parece que en lugar de ayudar, estorbo...

PO: ¿Cómo te sientes cuando dices esto?

P: Triste (con voz tenue).

PO: Toca esa tristeza, toca este dolor, de estar ahí con toda tu buena voluntad, pero a veces estorbar sin querer, a veces invadir, sin darte cuenta. Sigue hablando desde ahí.

P: ...A veces me... me quiero hacer a un lado pero no sé cómo, y cuando vengo a sentir, alguien pasa y ustedes... ustedes pasan y pues ahí estoy. También a veces siento que es como si me agarraran de pretexto.

PO: Háblales de esto.

P: Es como... si lo... viene una y viene la otra. Yo no puedo hacer nada... Me duele mucho que se lastimen.

PO: ¿Qué pasa en ti cuando dices todo esto?

P: Me siento más tranquila, más relajada. Incluso ya no siento el peso en algunas partes... Es como si el peso se repartiera en todo...

PO: Quiero que le digas esto al escritorio: "Yo no estoy aquí para estorbarte a ti".

P: Yo no estoy aquí para estorbarte a ti (con voz fuerte)... Yo estoy aquí... para ayudarte si en determinado momento ya no puedes cargar algunas cosas; para poner documentos que no sean tan importantes; para que me pongas también algo de diversión, a lo mejor una tele.

PO: Mmj.

P: También podría tener un florero, porque luego tú dices que ahí no puedes poner un florero, porque si se cae el agua te puede manchar tus documentos importantes, entonces yo sí puedo cargar un florero (PO asiente), mmm, y puedo adornar esta oficina.

PO: Qué tal que le digas: "Hasta puedo hacer este espacio menos cómodo, para que no venga tanta gente aquí".

P: Ajá.

PO: También puedes servirle para eso ¿no?, a ver, díselo con tus palabras.

P: Yo puedo hacer que la gente que venga, venga porque realmente tiene algo qué hacer, y no venga a dar lata.

PO: "O a llenarte de cosas innecesarias o de papeles que no ocupas."

P: O a llenarte de cosas que no necesitas. O que no quieres, también… y puede ser… de utilidad, que ayude en a eso, que pueda ayudarte a que cuando la gente se acerque a ti también vaya con cuidado.

PO: Mmj, ¡ándale! A ver, repítele eso al escritorio.

P: Puedo hacer que cuando la gente se acerque a ti, vaya con cuidado, vaya muy consciente de que quiere ir contigo (con voz firme).

PO: Mmj… ¿Cómo te sientes cuando dices eso?

P: Pues muy contenta porque sí le puedo servir (afirmando).

PO: Bien. ¿Y cómo ves al escritorio cuando le dices esto?

P: Tiene una cara de ¿será?

PO: Dale unas buenas razones para que confíe en ti.

P: Mmj, mira, yo sé que tu cajón de abajo, tiene muchos, muchos, muchos documentos, y yo te puedo ayudar a cargarlos, te puedo ayudar a que haya menos peso en ti. Yo sé que ahorita a lo mejor no lo sientes mucho pero, así con tantas cosas que van acumulándose en ti, pues llegará un momento en que me necesites. Entonces, yo te puedo ir creando espacios, te puedo ir dando de mi espacio para que tú vayas quedándote cómodo y con lo realmente importante, con lo que, con lo más urgente, con lo que te vaya sirviendo en este momento, y lo que no ocupas muy seguido pues te lo guardo y ahí va a estar. Mira, yo sé que… que mis cajones no tienen chapa, perooo, yo si pod… Podríamos pedir que me pusieran una chapita, para que no creas que cualquiera va a venir y le va a poder meter mano, y va a poder sacar… Y bueno, a lo mejor tú también te puedas hacer un poquito más para allá, si tienes espacio.

PO: ¿Quién podría ayudar a los dos a acomodarse mejor?

P: Pues, Mechita.

PO: OK, podemos hablar con Mechita.

P: Mmj.

PO: Te voy a pedir que poco a poquito vayas dejando de ser credenza, suavecito... así... Y poco a poco, para incorporarte despacito, te tomes el tiempo necesario para convertirte en Mechita.

P: (Levanta sus piernas y se reincorpora, quedando sentada.)

PO: Quiero que te ubiques en el espacio, en el espacio que tú quieras, donde está Mechita, viendo esta situación, y observando al escritorio y a la credenza (P se mueve de lugar dando la espalda a la cámara y PO se ubica junto a ella)... Toma una respiración profunda... (P exhala)... y cuando seas Mechita me avisas...

P: Mmj.

PO: Ahora, siendo Mechita, quiero que veas este espacio, Mechita.

P: Mmj.

PO: Tanto el escritorio como la credenza te conceden a ti el poder y la posibilidad de arreglar todo esto, de repartir ciertas cosas. Te pueden dar la oportunidad de arreglar este espacio y descríbeme, ¿qué vas a hacer?

P: Voy a mover la credenza.

PO: A ver, haz lo que tengas que hacer.

P: OK.

PO: Y dime qué vas haciendo.

P: Estoy moviendo la credenza al lado derecho, ahorita está en el izquierdo, voy a mover la credenza al lado derecho donde está la ventana, ahí hay un espacio muerto porque está la ventana y la credenza encaja muy bien ahí.

PO: ¡Ándale!

P: ... voy a hacer un poquito más acá el escritorio, muevo el escritorio.

PO: A ver, muévelo.

P: Ajá, muevo el escritorio, jalo la silla y acá me queda un buen espacio para poder abrir y cerrar las puertas sin ningún tropiezo. Coloco las dos sillas del escritorio enfrente y ahora que la credenza está colocada en él, ahí al lado de la ventana, voy a pasar una macetita que tengo aquí en otro archivero; esa macetita la voy a poner ahí en la credenza porque ahí sí le va a dar luz, eso es lo que voy a hacer.

PO: Adelante.

P: Eem.

PO: Dime ¿cómo te sientes cuando vas haciendo todo esto?

P: Me siento más, con más amplitud, más acomodada y... la luz entra más (PO asiente). La luz entra más, eee... se ve, veo más, más funcional, más funcional, ya no hay estorbos al abrir la puerta y se ve más luz.

PO: ¡Fíjate!

P: Si se ve más luz, la oficina se ve más amplia.

PO: ¡Mira! Es decir que incluyendo la credenza la oficina tiene más luz y es más amplia.

P: Sí, es que ahí la credenza quedó perfecta.

PO: Ahí es su lugar.

P: Ajá.

PO: ...¿Cómo te sientes cuando dices esto, cuando ves que las cosas están justo en su lugar, que entra más luz, que se ve más amplio?

P: Pues me siento contenta, me veo hasta con más posibilidades.

PO: ¡Ahorita es el momento! ¿Hay algo más que quieras hacer?

P: Creo que quiero sacar algunas cosas del escritorio, de la gaveta grande y... y ya colocarlas ahí.

PO: ¡Hazlo, hasta que este espacio quede como tú quieras!

P: ...Mmj... mmj... también le voy a poner unas cortinas.

PO: OK, ¿de qué color las vas a poner?

P: Blancas, blancas y tienen unos vivos amarillos y naranjas. Yo creo que también voy a traer un florero (PO asiente), es un florero azul, con unas flores amarillas.

PO: Muy bien, florero azul con flores amarillas, ponlas ahí.

P: Sí, ya están, ¡ah! Y también voy a poner una foto.

PO: Bien.

P: Sí, sí, voy a poner una foto donde estoy con mi abuelo. Esa foto la quiero poner ahí, la puse en un marco de pewter, así, muy lindo. Creo que esa charola del escritorio también la voy a cambiar para acá.

PO: OK.

P: ¡Ah!, y una cafetera.

PO: Ándale pues, ponga su cafetera también.

P: ...Mmm... voy a pintar la credenza.

PO: Vale, pinta la credenza también. ¿De qué color la vas a pintar?

P: La voy a pintar de paja, de amarillo paja. El piso está bien, nada más lo voy a pulir.

PO: Muy bien, toma una respiración profunda (toca a P en su espalda), e incorpora todo estos cambios a ese espacio.

P: (Respira profundo... silencio largo)

PO: Y cuando haya quedado como tú quieres que quede, me avisas.

P: (Silencio largo)...Mmj.

PO: ¿Cómo te sientes de ver ese espacio así?

P: Satisfecha.

PO: Toca bien esta sensación de satisfacción. Y desde esta sensación de satisfacción y de arreglar tu espacio como tú quieres, quiero que le hables a tu mamá, a tu hermana y a tu papá. Que pongas en orden lo que tengas que poner con ellos y dejes claro... lo que necesites dejar claro, aquí y ahora.

P: Pa, sé que desde que murió mi abuelito yo he sido tu soporte. Eh, sé que, que a tus años no has aprendido a manejarte financieramente, sé que mi abuelito te sacó de muchos problemas, pero yo ya no quiero, ya no quiero porque te estoy haciendo daño. Me duele mucho verte, mmmm, no me gusta verte sufrir (suspira), pero también entiendo que pues, es algo que tú tienes que afrontar y yo ya no quiero seguir siendo tu soporte, ya no lo voy a hacer (encoge los hombros).

PO: A ver, dile: "Eso está en tu espacio, no en el mío".

P: Eso está en tu espacio, Pa, no en el mío, yo tengo derecho a tener mi espacio como quiera.

PO: ¿Cómo te sientes cuando le dices esto?

P: Descargada.

PO: Quiero que toques esta sensación de amplitud al poner las cosas en orden. Esa sensación de que entra más luz cuando las cosas están en su lugar, en donde toca que estén. ¿Puedes sentir eso?

P: Mj.

PO: Ahora quiero que veas a tu mamá y a tu hermana, y pongas en orden lo que necesites poner en orden con ellas.

P: Ma, yo sé que, que tu vida no ha sido fácil. Yo sé que... hay muchas cosas que a mí me gustaría que fueran diferentes y no lo son... Sé que... que contigo en este momento no puedo entenderme totalmente... y ya no quiero permitir que esto me afecte (con voz tenue).

PO: Dile: "Eso está en tu espacio, no en el mío".

P: Eso está en tu espacio, Ma, no en el mío. Tú sabes que he tratado de hacer todo lo que está en mis manos, pero hay cosas que, que están en tu espacio, no en el mío.

PO: "En sus propios cajones", ¿verdad?

P: Sí. Y a ti, M., híjole, yo a ti te quiero mucho y siempre te voy a querer, tú lo sabes. Sé que no estoy de acuerdo con algunas decisiones tuyas, pero ya no voy a interferir. Ese es tu espacio y tú sabes qué vas hacer con él. Confío en que, en que lo vas a hacer lo mejor que puedas (su voz suena suave y confiada).

PO: ¿Cómo te sientes cuando les dices esto?

P: Muy descansada.

PO: Bueno (toca la espalda de P), quiero que toques bien esa sensación de descanso. Y que vuelvas a experimentar esa sensación de amplitud al poner las cosas en orden. A poner cada cosa en su lugar, en su cajón, en su gaveta. Y que poco a poco empieces a convertirte toda tú en este espacio. En este espacio con su escritorio, con su gaveta, con sus flores amarillas, con su cortina blanca, con esta luz que entra, con este espacio que queda, con esa puerta que se puede abrir libremente. Quiero que pongas a tu cuerpo la sensación que necesites para sentirte toda tú este espacio (P se hace para atrás y se acuesta de espaldas, abriendo los brazos y las piernas). ¡Eso es! Descríbete siendo este espacio, siendo esta oficina.

P: Soy un espacio muy agradable, muy colorido, lleno de luz (con voz firme y tranquila).

PO: ¿Qué es esa luz? Ponle tus colores. ¿Qué más? Conforme te describas, siente las características en tu cuerpo.

P: Soy un espacio limpio, ordenado.

PO: Siente esa luz, ese orden.

P: Soy un espacio cálido, confortable.

PO: Siente su calidez y lo confortable que es.

P: Soy un lugar seguro... Soy un lugar bien equipado... soy un lugar que combino la comodidad y el estar bien, con muchas herramientas de aprendizaje.

PO: Mj.

P: Soy un lugar donde se puede estar cómodo, disfrutando.

PO: Un lugar para disfrutar también. ¿Cómo te sientes cuando dices todo esto?

P: Siento muy rico (suspira), mucha tranquilidad, mucha soltura.

PO: Quédate ahí disfrutando todas estas sensaciones. Permite que esas sensaciones te traigan poco a poco a tu existencia como P aquí y ahora, para que en el momento que tú lo elijas, abras tus ojos y te incorpores (frota el brazo de P). Tómate todo el tiempo que quieras.

P: (Silencio largo… flexiona las piernas, se incorpora, queda sentada en la alfombra)

PO: ¿Cómo estás?

(Parte inaudible… PO frota las piernas de P y sonríe… carcajadas de P y PO)

PO: ¿Cómo te sientes cuando dices esto?

P: Con una sensación de estar muy llena (sonríe).

PO: Bueno, te pido que poco a poquito vayas estableciendo contacto visual con tus compañeros, uno por uno, al ritmo que tú marques para que puedas incorporarte bien.

ANEXO

LA GESTALT. UNA VISIÓN
MÁS ALLÁ DE LA SILLA VACÍA

Dra. Pilar Ocampo Pizano

La Gestalt es, sin duda, uno de los enfoques psicoterapéuticos más mal-entendidos y manoseados, cuya traducción y mala interpretación se ha convertido en guarida de irresponsables, charlatanes y terapeutas "light" que no sólo la han desprestigiado, sino que han limitado a otros la posi-bilidad de conocer realmente la riqueza filosófica, existencial y psicote-rapéutica de este enfoque, al promover en las personas experiencias desa-gradables, incompletas. Esto lo hacen al modelar conductas incongruentes y contradictorias, resguardados bajo un "aquí y ahora" profundamente hedonista, egocéntrico e irresponsable que dista mucho de lo que pro-mueve la verdadera Gestalt.

Desde hace varios años mi lucha personal se ha enfocado a la promo-ción de una Gestalt respetuosa, existencial, fenomenológica, vivencial y clínica que permita rescatar toda la profundidad y calidad no sólo inte-gradora, sino preventiva que brinda este enfoque.

Considero que en la actualidad es de vital importancia el retorno a nuestra fuente; el rescatarnos de la garra de aquellos "psicoterapeutas" que más que enseñarnos a reestablecer el contacto con nosotros mismos y conectarnos con nuestra sabiduría interna nos dicen cómo vivir la vida y nos dictaminan e interpretan de acuerdo con sus propias carencias y limitaciones. Así desplazan la dependencia del ambiente a la dependen-cia de la terapia, logrando un empobrecimiento de la existencia del pa-ciente y una pérdida de su identidad que bajo ninguna óptica puede considerarse como un proceso de sanación.

El proceso psicoterapéutico es un proceso de liberación interna y de rescate de potencialidades al servicio de la individualidad e independencia del paciente. Esta es la Gestalt que me interesa promover; una Gestalt que le permita al paciente caminar por su propio sendero parado en sus pies, no en los del psicoterapeuta; que permita un acercamiento humano real sin llegar a contactos melosos, falsos y perjudiciales para la relación psicoterapéutica; que rescate el valor del diagnóstico clínico y psicopatológico, no como una etiqueta, sino comprendido desde una fenomenología que nos permita adentrarnos en el mundo del otro para desde ahí encontrarnos con él; que sea capaz de trabajar con confrontaciones respetuosas y compasivas, que, si bien frustran al paciente, jamás atentan contra su dignidad, ni contra su individualidad; que promueva la integración y el rescate de potencialidades tomando en cuenta el momento evolutivo de cada persona, sin expectativas, ni exigencias sobre su desempeño.

Hay una diferencia fundamental entre alianza terapéutica y profundidad relacional. La verdadera Gestalt promueve la profundidad relacional desde un encuentro mutuo en un espacio en donde el único experto sobre sí mismo es el consultante.

Difiero de una visión dividida de la Gestalt porque pretender dividirla, paradójicamente es lo más antigestáltico que existe. La verdadera Gestalt es al mismo tiempo relacional, dialogal, intrapsíquica, transpersonal, cognitiva y corporal. Es un todo que promueve la Presencia (del latín "prae-esse" que significa "estar plenamente ahí") para promover un encuentro real que posibilite el potencial transformador presente en cada sesión. La misma importancia tiene la "silla vacía" que el uso de la relación paciente-psicoterapeuta como medio para ampliar la conciencia y trabajar con la figura que emerja del fondo, en el campo cocreado por el encuentro.

Como lo repito con frecuencia a mis alumnos y en diferentes foros: la Gestalt no implica cerrar ojos, hablarle a una silla vacía o pegarle a un cojín para que el paciente "descargue" su enojo; no tiene que haber llanto, teatro, ni drama, ni se debe buscar que el paciente salga contento y apapachado, y sí con mayor conciencia de sí mismo.

El uso de las herramientas y técnicas que nos brinda el enfoque son sólo alternativas para lograr el objetivo principal: que el paciente se encuentre a sí mismo. NO que el psicoterapeuta lo encuentre, le diga cómo y dónde está y lo que tiene que hacer.

El rol del psicoterapeuta Gestalt es Estar, acompañar y ser capaz de percibir las autointerrupciones para desde ahí acompañar al otro con una actitud profundamente compasiva que transmita la aceptación incondicional que el paciente no ha encontrado en otro lado. Esto es ya en sí, sanador y lo más gestáltico posible.

En más de 25 años de ser psicoterapeuta gestalt, he tenido sesiones gestálticas sin llanto, sin sillas vacías, sin fantasias dirigidas, sin trabajo de asuntos inconclusos y sí profundamente sanadoras al encontrarme con el otro en un espacio en donde no existen juicios, ni interpretaciones porque todo es como es. Es con base en la fenomenología y las necesidades emergentes del paciente que se establece la estrategia de intervención que se actualizará a lo largo de la sesión en función de lo que vaya emergiendo dentro del campo. Este es el verdadero trabajo centrado en el aquí y el ahora.

Lo que libera al paciente de sus juegos de autotortura es la ampliación de conciencia; el darse cuenta de qué, cómo y para qué está manteniendo una actitud, llevando a cabo una conducta o escudándose detrás de un síntoma; es justo ahí donde comienza el proceso integrativo porque no hay interpretaciones, ni teorías, ni tregua para el paciente que decide empezar un proceso psicoterapéutico dentro de esta forma de hacer Gestalt. Es él frente a sí mismo y a su historia, no hay un psicoterapeuta a quién echarle la culpa o agradecerle porque nadie está asumiendo la responsabilidad por él y una vez empezado el proceso del propio parto no puede detenerse o involucionar, sigue avanzando aun a pesar del propio paciente. Como repito con frecuencia: después de un darse cuenta, ya nada es igual.

La Gestalt está fuertemente influida por el Existencialismo de Kierkegaard; por la Fenomenología de Franz Brentano y Edmund Husserl; por el Análisis Existencial de Ludwig Binswanger, de Martín Heidegger y de Sartre; por el trabajo de W. Reich; por el Taoísmo y el Zen; además, tiene como base experimental a la Psicología Humanista. Fritz Perls aseveraba que la meta de la terapia Gestalt es "convertir a personas de cartón en personas reales"; independientemente del indudable matiz narcisista y hedonista que acompañó a Perls a lo largo de su vida, este estudioso resume en una frase todo el postulado filosófico que sustenta a la Gestalt: abandonar los roles, integrar la personalidad para rescatar el poder personal desde una individualidad que promueva ajustes creativos dentro de su entorno. Cómo logremos eso, dependerá del estilo personal de cada psicoterapeuta y de lo sólido de su formación. No todo lo que lleva apellido "gestáltico" es realmente Gestalt y no culpo a quienes con base en experiencias desagradables generalicen creyendo saber lo que es Gestalt.

Resumiendo:

Para terminar, reafirmo que no estoy casada con la Gestalt, sino enamorada de ella, de su magia y de lo que el encuentro con el otro puede generar dentro de este enfoque. Eso no quiere decir que devalúe otros enfoques, porque considero que cada propuesta puede ser útil con determinados pacientes o en determinados casos y desde ahí doy la bienvenida a cualquier propuesta psicoterapéutica. Simplemente aclaro que cualquier postura impositiva, crítica, interpretativa, invasiva e irrespetuosa NO es psicoterapia, porque jamás promoveremos la sanación de la psique con las mismas actitudes que dañaron a la persona que viene a buscar en nuestro acompañamiento la posibilidad de reescribir su historia.

Dra. Pilar Ocampo Pizano
Fundadora del Centro Gestalt Oaxaca

BIBLIOGRAFÍA

Avia, M. D. y C. Vázquez (1998), *Optimismo inteligente. Psicología de las emociones positivas*, Alianza, Madrid.

Bradburn, N. M. (1969), *The Structure of Psychological Well-being*, Aldine, Oxford, Inglaterra.

Carson, V., K. L. Soeken, J. Shanty y L. Terry (1990), Hope and Spiritual Well-being: Essentials for Living with AIDS, *Perspectives in Psychiatric Care*, 26(2), 28-35.

Cooper, Mick y John McLeod (2010), Pluralistic Counselling and Psychotherapy, Sage, Los Ángeles.

Daskal, A. (2008), Poniendo la lupa en la supervisión clínica, *Revista Argentina de Clínica Psicológica*, vol. XVII, 3, pp. 215-224, Argentina.

De Lebl, B. (2000), Supervisión clínica, *Revista Ciencia y Cultura*, ISSN 2077-3323, La Paz. Recuperado de: http://www.scielo.org.bo/scielo.php?pid=S2077-33232000000200009&script=sci_arttext

Demarchi, M. (2001), La supervisión clínica y la supervisión institucional, *Revista Iberoamericana de Psicomotricidad y Técnicas Corporales*, ISSN-e 1577-0788, núm. 4, pp. 75-82.

Duckworth, A. L., T. A. Steen y M. E. P. Seligman (2005), Positive Psychology in Clinical Practice, *Annual Review of Clinical Psychology, 1*, pp. 629-651.

Emmons, R. A. y M. E. McCullough (Eds.) (2004), *The Psychology of Gratitude*, Oxford University Press, Estados Unidos.

Fredrickson, B. L. (2004), Gratitude, like other positive emotions, broadens and builds, *The Psychology of Gratitude*, pp. 145-166.

Grawe, K. (2002), *Psychological Therapy*, Hogrefe y Huber, Seattle.

Keyes, C. L., D. Shmotkin y C. D. Ryff (2002), Optimizing Well-Being: The Empirical Encounter of Two Traditions, *Journal of Personality and Social Psychology*, 82(6), 1007-1022. Recuperado de http://www.mi-dus.wisc.edu/findings/pdfs/62.pdf

Muñoz Polit, M. (2012), Una hipótesis humanista sobre la emoción, *Cuadernos de Difusión del Instituto Nacional de Investigación en Desarrollo Humano*, Cuaderno 6, INDIH, México.

Namm, E. y R. Kaufman (2011), *Change to a Positive Mindset and Extend Your Lifeline: A Journey to Miles of Smiles, Positive Energy Power, Hope, Health and Happiness*, AuthorHouse, Bloomington.

Nunes, J. D. G. y M. D. Cortés (2003), La gratitud: una cualidad natural, *Revista Latinoamericana de Psicopatología Fundamental*, (4), 54-67.

Ocampo, P. (2013), *Reencuentro con la esencia, el camino guerrero*, Editorial Pax México Librería Carlos Cesarman, México.

Perls, F. (2002), *Sueños y existencia*, Editorial Cuatro Vientos, Chile.

Pereyra, M. (1997), *Psicología de la esperanza: Con aplicaciones clínicas*, Psicoteca Editorial, Argentina.

Preciado, L. (2014), *Miedos ¿Demonios?*, Editorial Pax Librería Carlos Cesarman, México.

Rogers, C. (1979), *El proceso de convertirse en persona*, Paidós, Buenos Aires.

Rogers, C. (1987), *El camino del ser*, Kairós, Madrid.

Scheibe, K. E. (2000), *The Drama of Everyday Life*, Harvard University Press, Estados Unidos.

Seligman, M. E. P. (2011), *La vida que florece*, Ediciones B, Barcelona.

Swanson, J. (1986), Procesos de frontera y estados de frontera, *The Gestalt Journal*, 1988, otoño, vol. XI, núm. 2.

Tanenbaum, R. (2005), Cuestiones éticas y legales en la supervisión de la psicoterapia, *RET: Revista de Toxicomanías*, ISSN-e 1136-0968, núm. 45, pp. 21-26.

Waterman, A., S. Schwartz y R. Conti (2008), The Implications of Two Conceptions of Happiness (Hedonic Enjoyment and Eudaimonia) for the Understanding of Intrinsic Motivation, *Journal of Happiness Studies*, 9(1), 41-79.

Esta obra se terminó de imprimir
en noviembre de 2016, en los Talleres de

IREMA, S.A. de C.V.
Oculistas No. 43, Col. Sifón
09400, Iztapalapa, D.F.